1. 2013 年 11 月 7 日，共青团中央书记处第一书记秦宜智在北京语言大学附属大连高级中学参加《弟子规》座谈会。

2. 修身齐家民族魂，伟大复兴中国梦——大连市 2015 中华经典广场千人诵读活动在新闻联播中报道。

3. 辽宁省委常委、大连市委书记唐军等领导出席大连市 2015 中华经典广场千人诵读活动启动仪式。

4. 亲子诵读中华经典《大学》。

5. 大连市大型公益传统文化论坛场场火爆。

6. 大连市大型公益传统文化论坛上观众齐唱国歌。

7. 公益传统文化论坛上，观众听得投入、走心。

8. 每一次传统文化论坛的举办都是对现场观众心灵和精神的洗礼。

9. 论坛现场多次爆发雷鸣般的掌声。

10. 大连市第六届传统文化论坛闭幕式上，全场挥舞国旗，高唱《歌唱祖国》。

11. 传统文化论坛上，观众齐跳手语舞《中华民族》。

12. 论坛志愿者表演手语舞《国家》。

13. 大连"青年夜校"《孟子》讲解深深吸引着学员。

14. 大连"青年课堂"上，老师接地气儿的《论语》解析受到学员热捧。

15. 团中央委员刘海鹏老师在大连"青年课堂"上讲解《论语》。

16. 大连青年国学讲师团成员怀博为大连"青年夜校"学员分享传统文化漫谈课程。

17. 本书作者合影。

　　前排左起：王雯雅靖　赵悦宏昱　刘海鹏

　　后排左起：陈迪　刘舒阳　于越　田芳　徐薪然

传统文化

青春行

我對經典有話說

中国青年杂志社　编

中国青年出版社

（京）新登字 083 号

图书在版编目（CIP）数据

传统文化青春行：我对经典有话说 ／ 中国青年杂志社编 . —北京：中国青年
出版社，2016.2

ISBN 978-7-5153-4046-3

Ⅰ．①传… Ⅱ．①中… Ⅲ．①传统文化－中国－文集 Ⅳ．① K203-53

中国版本图书馆 CIP 数据核字 (2016) 第 018285 号

监 制：王 琳
责任编辑：杨 茗 韩春丽
装帧设计：艺海晴空
内文设计：曹德伍

出版发行：中国青年出版社
社 址：北京东四 12 条 21 号
邮政编码：100708
网 址：www.cyp.com.cn
电 话：(010) 66163170
印 刷：三河市君旺印务有限公司

开 本：32
印 张：7.5
字 数：120 千字
版 次：2016 年 4 月北京第一版
印 次：2016 年 8 月河北第二次印刷
定 价：10.00 元

本图书如有印装质量问题，请凭购书发票与质检部联系调换
联系电话：(010) 57350337

传统文化青春行

封面题字作者：

　　张本义，中国书法家协会理事、学术委员会委员，中国古代文献研究会理事，中华诗词学会理事，《中国书法》杂志编委，《中华辞赋》杂志特约编委，中国现代语文研究会吟诵分会（中华吟诵学会）副会长，辽宁省诗词学会常务副会长，政协辽宁省第八、九、十届委员，大连市儒学会会长，大连白云书院山长，大连连海书院山长，大连图书馆终身名誉馆长，国家二级正高职研究员、教授，享受国务院特殊津贴。2007年应《光明日报》约稿创作《大连赋》，成为代表大连市的人文名片，享誉全国。

我對經典有話說

封面题字作者：

　　高玉刚，中国爱国拥军书画院院务委员，辽宁省中日友好协会大连分会会长，大连市中国与东盟交流协会常务副会长兼秘书长，大连市青年书学研究会主席，大连市人民政府民族文化研究室副主任。

序言

我们从传统文化中学到了什么

文／赵悦宏昱

　　2009年，习近平同志在中央党校一次省部级干部培训班开学典礼上提出，"《弟子规》1080字，实际上里面蕴含着做人做事做学问的大智慧。"他要求，"各级领导干部应该读读《弟子规》。"不经意间，我看到了这句话，牢牢记在心上。

　　2013年11月26日，习近平总书记在山东曲阜召开的座谈会上强调："我这次来曲阜就是要发出一个信息：要大力弘扬中国传统文化。"2014年4月，我们追随总书记的步伐，来到孔子研究院拜访，聆听工作人员复述当时的场景，仿佛亲身感受总书记的教诲，感到格外振奋。

　　我对中国传统文化非常有感情。因为2009年，我的女儿青春期逆反情绪特别严重，我们做家长的想尽各种办法都束手无策，她却因参加了《弟子规》的学习班而发生了彻底的改变，后来考上了理想的大学。可以说，是一本古圣先贤留下的经典著作，教育了我的女儿，更教育了我，改变了我们全家，使我们明白了什么是真正的孝道、什么是悌道，什么是真正的孝亲敬老、知恩图报，等等。

那么，传统文化到底是什么？我认为传统文化是经过几千年的大浪淘沙，老祖宗留给我们的诸子百家、经史子集，包括那些没有作者的谚语，像小时候奶奶告诉我的——"东虹轰隆西虹雨，燕子低飞蛇过道，大雨不久要来到""朝霞不出门，晚霞行千里"，还有中医、武术、民俗等，都是传统文化。对于传统文化，我们应该采取什么样的态度？"断疑启信，诚敬为本。"一分敬意，得一分收获；十分敬意，得十分收获。

学习传统文化到底为了什么？从2010年接触传统文化到现在，我自己的体会是：学习传统文化是为了让我们更好地做人、更好地做事，明白人生的真相在哪里，明白什么是真善美，什么是假恶丑，明白如何成为一个受欢迎的人、一个真正对社会有贡献的人。如果把人生比作一辆疾驰而去的列车，那么传统文化就是这趟列车的轨道，就是人生的方向，引导我们行驶得更稳更远，最后平安到达终点。

第一，学习传统文化不是为教育别人，而是为改变自己。传统文化是一面镜子。孟子说："行有不得，反求诸己"，传统文化不是用来对照别人，而是拿来反观自己，找到自身不足。践行传统文化，要充分汲取贯穿于其中的历史养料和思想精髓，把自己变成一个最善良的人、最利他的人、最闪闪发光的人，然后再去影响他人、影响我们这个社会，从而改变我们的国家。

第二，学习传统文化能让我们了解人生的真相，做一个有智慧的人。我们生活的大千世界里，有人碌碌无为、得过且过，对现状听之任之；也有很多人阳光向上、积极进取，却也不知道明天会发生什么。殊不知，传统文化告诉我们，"命自我立，福自我求"。《了凡四训》中的袁了凡，以他的亲身经历验证了人可以掌握自己的未来，改变自己的命运。我想我们通过自己的努力，真正为他人着想，真正去服务他人，每日视善、语善、行善、积善，就会改变和改造自己和他人的命运。

第三，学习传统文化能让我们做一个更谦卑的自己。现在，我们的社会中有很多自以为是的人，总是"我认为怎样怎样"，而没有看到历史怎样认为、自然规律怎样认为、圣贤怎样认为。学习了传统文化，我们深刻领悟了"惟谦受福"的道理，读懂了王阳明"谦者，众善之基；傲者，众恶之魁"的警示，就会明白谦虚有多重要，就会内心平静下来，不为名、不贪名，不为利、不贪利，不贪功、不争功，不好高、不好好，做一个真真正正低矮到尘埃里的自己。

第四，学习传统文化能让我们知足、知止、知恩。传统文化告诉我们要向内求而不向外求，追求纯真的本性和精神的富有。满怀感恩去工作，满怀感恩去生活，珍惜生命赐予的每一个今天，珍惜当下的每一个瞬间；过心态平和的生活、过心灵安静的生活、过单纯快乐的生活，过最充实、最幸福、最有意义的每一天。这并不表示可以不去努力学习、工作，而是知道满足、知道感激、知道珍惜；知道求人气短，不求人，不给别人添麻烦，不给社会添麻烦；不给国家添麻烦。不抱怨、不埋怨，每天做最好的自己。

第五，学习传统文化能让我们做一个真正有益于国家、有益于社会的人。传统文化讲孝悌、忠信、礼义、廉耻，讲温良恭俭让，讲格物、致知、诚意、正心、修身、齐家、治国、平天下。这其中蕴含着爱国精神与民族气节，蕴含着以义取利的理想主义情怀，也蕴含着自强不息的刚健人格。在这个世间行走一回，我们都要留下印记。这个印记是什么？就是尽可能地为我们的国家、为我们的民族做出贡献，要让他人因我们的存在而感到更加温暖、让社会因我们的存在变得更加美好、让祖国因我们的存在变得更加强大，用我们每个人努力的一小步形成推动中国前进的一大步，让我们每个人的小小梦想汇聚成的绚丽多彩的中国梦，可以早日实现。

三天，甚于三年
——第六届大连公民德行教育公益论坛巡礼

文 / 韩春丽

> 大连，这座美丽的海滨城市，因为一代团干部的努力，
> 而变得人心更加向善向美向着阳光；他们从没有止步，因为
> 他们有一个愿望——要把传统文化论坛，推向全国。

⊛ 无法抑制的感动

从没有一次会议，让我如此感动。

有那么多次，我举着相机，泪水模糊了我的视线，
使我无法看清取景框——这便是 2014 年 8 月 15 ~ 17 日，
由大连团市委主办的第六届大连公民德行教育公益论坛
上的景象。本次论坛，在大连市青少年宫影剧院举行，
原海南省政协常委、海南监狱管理局局长张发等国内知
名传统文化讲师，亲临讲授中华优秀传统文化在立德树
人、修身养性、孝顺父母、诚信敬业等方面的重要作用。

论坛持续3天，有200多位观众专程从全国各地赶来，他们当中，有人自吉林连夜坐火车抵达，有人专门从香港直飞大连，800人的会场，场场座无虚席，很多观众一直听完了3天全程的讲座。

这次论坛，共邀请了10位讲师，几乎每个人的故事都感人至深。要知道，有几位讲师，从前曾经迷茫，直到他们遇到传统文化并开始学习传统文化后，才开始找到人生大方向。论坛现场不时掌声雷动，每每讲到动情处，全场听众纷纷泪下。

🌐 为什么要一而再？

2014年5月，大连团市委曾经主办了第五场论坛，事隔3个月，当四处碰壁的发起方，找到大连团市委时，团市委负责人果断拍板，接着主办第六场。（第7场在2015年10月、大连海事大学体育馆举办，场地能容纳6千人。）在论坛开场白中，这位团干部说道："我们大连团市委为什么要接着举办这次论坛？为什么要学习传统文化？为什么要弘扬《弟子规》？

一是落实习近平主席的讲话精神。2009年，习主席兼任中央党校校长的时候，在一次开班仪式上曾经说过，《弟子规》1080个字，蕴含着为人处世的大道理，党员和领导干部都应该学习《弟子规》。2013年11月26，习总书记到山东曲阜参观，在孔子研究院座谈会上说，我这次到曲阜来，到孔子研究院来，就是要体现中央弘扬传统文化、建设社会主义核心价值体系的决心。最后习总书记说，我来曲阜就是要释放一个信号，那就是要大力弘扬传统文化。这句话习总书记说了两遍。我们共青团有个传统，叫"党有号召，团有行动"，大连团市委必须紧跟党走，听习总书记的话。

二是团中央书记处第一书记对大连团市委的肯定。2013年11月7日，团中央书记处第一书记秦宜智来大连调研，对团市委推广《弟子规》的工作非常赞赏。他参加了部分家长和同学学习《弟子规》的分享会，因为赶飞机没有听完，他恋恋不舍地离开会场，说"我还没有听够"。接着，在2015年年初的五次全国共青团的工作会议上，一连四次单独表扬大连团市委推广《弟子规》的效果好，并特别派团中央的记者，来专程采访并总结推广《弟子规》的经验，然后发表在团中央的未来网上。

在这里还要特别感谢我们大连的老市长魏富海，他当时说："你们共青团就推《弟子规》，它是教人向善的，它的大方向是对的，你们就尽管去推。"大连团市委就从2010年起在全市的中小学和中专推广《弟子规》，在习总书记的倡导后，在团中央第一书记的大力鼓励后，团市委不仅在中小学，在大学、企业、机关企事业单位都开始推广《弟子规》，"凡是有团组织的地方，我们就推广《弟子规》，弘扬传统文化。"

🏵 三天，甚于三年

大连团市委推广《弟子规》的力度之大，弘扬传统文化的决心之大，在全团乃至全国，都很突出。大连团干部掏心掏肺的热情，感动了大连百姓，感染了与他们接触的每一个人。"领导好！感谢《弟子规》、论坛，工作、家庭以及生活，都因这些更加美好；感谢亲，生命之旅彼此映照，沿途有你，真的让我感到人生的美丽，永远铭记。"——这是本次论坛结束时，一位听众发给组委会的肺腑之言。

还有更多的听众，在论坛分享环节，争先恐后地走上台去，给自己的父母、公婆道歉认错，痛哭流涕，表态以后一定好好孝顺父母，很多父子、母女抱头痛哭，场面十分感人。

"你无法想象，三天的传统文化论坛对一个人思想的洗礼、精神的救赎、良知的回归有多么重大的意义……"一位大连团市委机关干部如是说。

"我以前觉得给父母提供衣食无忧的物质生活就是孝

顺，听了论坛才知道自己是多么地肤浅和狭隘。"一名私营业主动情地说。

年逾八旬的陈广生老先生听完论坛后十分激动，他给大连团市委的领导手写了一张纸条："这次论坛让我深受感动，期间不断流眼泪，这样的活动希望经常搞。我今年83岁，60年前我在团市委工作，作为一名老团干，我为大连团市委感到骄傲和自豪，你们做的是一件利国利民的大好事。"

大连，这座美丽的海滨城市，因为共青团的努力，而变得人心更加向善向美向着阳光；他们从没有止步，他们有一个愿望——要把传统文化论坛，推向全国。

🌐 九位讲师九本书

张发：

退休前，张发曾历任海南省政协社会法制委主任、海南省司法厅原副厅长、省监狱管理局局长，曾将传统文化教育引入监狱，他总结自己10多年的监狱工作经验，认为所有犯罪人员均是在起心动念处迷失了自己，他将《弟子规》等传统文化古籍引入监狱，用孝道、仁爱、廉耻、诚信等传统价值观教育服刑人员，取得良好成效。

语录："开启心灵的万能钥匙就是传统文化，我本人是传统文化的受益者、践行者，现在是传播者，我觉得传统文化具有极强的穿透力、渗透力，传统文化是一种文明，是一种基因，学了之后会发酵，孝道是传统文化的真谛，传统文化是道德情感。孝道教育最能触动服刑人员——动情，入心，力行。看一个人能不能改过，就看他有没有忏悔之心，改过之心。"

傅冲：

　　上海电影制片厂演员傅冲曾主演《红十字方队》《夏日恋语录》。从小因受到父母离异的创伤，怨恨和狂躁长时间伴随着她，打爹骂娘，曾一度婚姻告急，抑郁症严重，虽演艺事业一度风光，但逐渐到了"数着钱想自杀"的地步，甚至差点走上自杀的道路。一个偶然的机会遇到了传统文化，让她认识到了自己内心的错误，认识到百善孝为先。2015年年底，她出演了央视投拍的古代二十四孝的故事。

　　语录："没有学习传统文化之前，我心里都是恨怨恼怒烦，自从学习了传统文化以后，我觉得自己最幸福、最健康、最快乐、最智慧。我现在的三个家族，我母亲家，我父亲家，我丈夫家都非常幸福。我问朋友：这些幸福值不值一千万？朋友羡慕地说：你现在简直是亿万富翁！"

王希海：

大连孝子王希海不仅放弃了出国工作的机会，还放弃了成家的念头，只为照顾因脑出血成为植物人的父亲。每天晚上隔半个小时就给父亲翻一次身，每晚 12 时准时喂父亲吃下第 6 顿饭，他 26 年如一日地照顾着父亲。人说"久病床前无孝子"，王希海用 26 年的坚守诠释了大孝的感天动地。

语录："如果成了家，肯定会以家庭为第一位，而我不成家，那父亲永远是第一位。这样我才能一心一意地照顾父亲。这么些年来，有许多人要给我介绍对象，但我不能放弃父亲，我首先要做好一个儿子的角色。"

孙纳：

大连"零鱼翅行动"发起者孙纳，2009 年以来，她与丈夫一起进行潜水拍摄，看到体态健硕的鲨鱼被活活割掉鱼翅后抛回大海，最终沉尸海底，她感到深深地忧虑。鲨鱼处于海洋生物金字塔的顶端，如果鲨鱼被残杀殆尽，海洋的生态平衡将被打破，引发海洋环境的酸化，而陆地 50% 的氧气来源于海洋，海洋环境的酸化又将导致厄尔尼诺现象，甚至危及人类的生存。为此，孙纳夫妇率先开展活动，将潜水拍摄的图片在媒体上发布、分享，号召更多的人参与"零鱼翅行动"，向所有人发出倡议：不主动购买鱼翅、自己不吃鱼翅、号召并影响他人拒食鱼翅。夫妇二人出资10万元成立了"大连零鱼翅"环保基金，专门用于宣传保护海洋环境的公益事业。

语录："鲨鱼是海洋食物链中的重要组成部分，它们可起到维护海洋生态环境的作用，全球每年有1亿多条鲨鱼被捕杀，鲨鱼濒临灭绝，这将对人类的生存环境造成巨大的危害。"

张兰翔：

1988年～1998年，张兰翔担任一家建筑公司的经理，积累财富几百万元，但因受贪念蛊惑，先后被人骗走160万。他生发了巨大的仇恨心，发誓一定要把钱追讨回来。直到2008年年末，他的母亲和父亲在38天里相继去世，他因为一门心思地想要去追杀仇人，而没能为二老送终。当他内心几近崩溃时，他偶然看到蔡礼旭老师的"幸福人生讲座"，他终于明白自己在处理五伦关系中犯了极大的错误。当天，他就把从前准备的钩子、刀子等一大包凶器，扔进了珠江，顿时感觉如释重负。

语录："我总结了五点学习传统文化的好处——可以帮助人们理财、使人变得有亲和力、促使家庭和谐、有益身心健康、利于事业发展。"

谷爱琳：

被熟人亲切地称为"谷大嫂"的谷爱琳，是一位亿万富翁的太太，她在孝顺的儿媳、贤惠的太太、伟大的母亲三个角色之间游刃有余地转换。她用朴实的语言，向观众分享了女性在家庭中如何做好妻子、母亲和儿媳的角色，如何经营好和谐美满的家庭。

语录："家是最宝贵的，丈夫是最重要的，教育儿女是最重要的。无论何时，我们都应该把家打扫得干干净净，让所有的家庭成员感觉到家是一个幸福的港湾，这就是一个女人最基本的责任。作为父母，留书给儿女，儿女未必能读；留财给儿女，儿女未必能守；只有留下德行给儿女，才能让我们的儿女幸福快乐。"

牛文荣：

90后女孩牛文荣，曾是个严重的"问题少女"，有着不忍回首的过去。因为爸爸妈妈离婚，她很小就患上忧郁症，自杀6次，跳河、割腕、上吊都没死。10岁就抽烟喝酒，后来发展到打群架、在酒吧吃药、被学校开除。她以为人生会一直堕落下去，直到遇到传统文化，直到她看到《跪羊图》，通过对《弟子规》的学习，她诚心忏悔，走入正途。

语录："羊就是个动物，它都知道跪下来喝奶，我是一个人，我都不知道感恩父母，难道我还不如动物吗？我常常默念这句话，'身有伤，贻亲忧，德有伤，贻亲羞'。"

张素洁：

张素洁，人称"墨墨妈"。儿子墨墨是"高功能孤独症"儿童，在幼儿园期间一共被开除了11次，上学基本没有希望。为了孩子，张素洁放弃了读博、放弃了移民，遭遇了离婚之痛。2010年，她带着墨墨走进了大连东北路小学经典国学班，在国学班上了两年，通过学习《弟子规》，墨墨奇迹般地找到快乐，并能够像正常的孩子一样与家人和小伙伴进行情感交流。

语录："其实每一个孩子都是一个宝藏，教育学认为，每个人身上有95%以上的潜能没有被开发，现在全世界都在开发人类潜能，都在找这把开发潜能的钥匙。我通过学习国学，找到了这把最好的钥匙。"

单静：

63岁的单静曾是个性情刚烈的女人，因为做了20几年环卫工人，工作非常辛苦，单静经常将抱怨挂在嘴边，回家朝丈夫撒气，从不在丈夫面前低头。学了《弟子规》之后，她懂得了"怡吾色，柔吾声"，渐渐地她学会了在丈夫面前"认输"，使老头儿重新"从士兵变成了将军"，还戒掉了爱打麻将的"赌瘾"。

语录："在家里我不走女人该走的路，却抢了男人的路，让男人无路可走。我不仅要学好传统文化，还要学以致用，我要让我的家庭幸福，让家人快乐。当然了，我们都是凡人，会有一定的起伏，关键是我们学会了用圣人的教诲反思改过，就能不断进步。"

传统文化照亮庄河

文/韩　婕

光明山镇因为宣传优秀传统文化，涌现出了上千名各类"好人"，村风村貌发生了天翻地覆的变化，最近还上了辽宁电视台的《辽宁新闻》。

传统之光照亮光明山镇

初冬的大连庄河，寒意渐浓。

当笔者随着庄河团市委书记王晓哲，来到光明山镇镇委二楼的办公室时，这里却是一派暖意融融。摆着数瓶矿泉水的长办公桌上洒满阳光，镇党委书记戚景云笑呵呵地迎上来握手，他旁边，还有几个特意从七村八屯赶来的乡亲。

光明山镇因为宣传优秀传统文化，涌现出了上千名各类"好人"，村风村貌发生了天翻地覆的变化，最近还上了辽宁电视台的《辽宁新闻》。这几位等在这里的乡亲，即是发生质变的"好人"代表。最年长的 85 岁的贾云山老人，赶 18 里山路前来，让笔者感动。曾经，他连续十年专业上访，从庄河到大连到北京，哪一级都上访过，打了 200 多场官司，是让大家头疼的老上访户。自从 2015 年 2 月接触传统文化以来，他认识到自己错了，见到笔者，直遗憾传统文化接触晚了，表示一定要做个好老人。

剃着光头、脸上有块疤的徐成仁一看就不是个善茬，果然他说自己就是因什么都不怕而被老百姓选为乔屯村大王屯居民小组长的。但是从前他并不称职，上级领导的话爱听不听，跟群众的关系也很差，邻里称他"完蛋苗"，自家孩子当他为"后爸"。2015 年 5 月，刚开始接触传统文化时，徐成仁仅仅是抱着试试和好奇的心理勉强地去听课。但逐渐的，他被各位老师在台上分享学习传统文化后的心得所感染，一课接一课地认真学习起来……半年来的学习，让他懂得了很多为人处世的方法，也变得勤快了，主动帮老婆干很多家务活儿了，和上级领导也能很好地沟通了，遇事学会了冷静，见到长辈知道打招呼了，就像换了个人。

更可贵的是，徐成仁不仅自己变好了，而且积极向身边的人传播传统文化。他筹建的大王屯传统文化学习点，每晚都组织村民集中学习传统文化，白天只要有人就播放视频，每周都组织村民交流学习，提交心得体会。除了集中学习外，他还用感恩歌曲《婆婆也是妈》编舞、学习《生命之河》《感恩一切》手语舞，通过歌舞增加学习的趣味性，使传统文化更加深入人心。

听着在座诸位的转变故事，再随手翻看镇团委书记石蒙周递过来的一沓典型事迹，笔者不由感叹传统文化的魅力。

追根溯源，光明山镇的精神文明能有今天这可圈可点的局面，这与庄河市共青团的不懈努力息息相关。

回想2013年，庄河团市委就把光明山镇作为弘扬传统文化的试点乡镇。光明山镇团委则争取到党委支持，整合资源，做到了各村、各屯有学习点，实现《弟子规》等优秀传统文化书籍每户一本，村民们趣称"炕头上"的《弟子规》。通过与"大连传统文化幸福人生课堂"的老师沟通，专门为光明山制定了相应的学习课程，还邀请老师前来光明山镇为百姓进行授课，将传统文化传到千家万户。同时还准备了大量的学习资料，比如碟片和书籍，满足不同的学习人群。在各村安装视频播放设备，百姓随时可以观看学习传统文化，将书本上的知识声音化、视频化，弥补村民学习书本知识的枯燥感。

2015年9月，庄河团市委组织全市各乡镇团委书记到光明山镇实地考察并召开座谈会，要求每个乡镇（街道）团委借鉴光明山典型经验，在本乡镇（街道）确定 1 个村（社区）团总支为示范点开展工作。每个乡镇（街道）以综合文化站、文化大院、新农村建设"中心户"为阵地，先确定 1 个村（社区）团总支为示范点首先开展工作，整合资源利用农闲时间，以视频教学和优秀典型授课的方式，以青年群体示范带动，广泛开展主题教育活动，在辖区内营造学美德、讲文明、促和谐的良好氛围。

光明山镇只是庄河市 25 个乡镇（街道）的一个典型代表，是庄河市学习宣传传统文化的一个缩影。

公益论坛唤醒不泯的心

庄河市位于辽东半岛东侧中部、黄海北岸，是大连的一个县级市，全市总人口 92 万，也是全国综合实力百强县市。2013 年起，庄河团市委响应大连共青团的号召，在全市开展起传统文化教育活动。"搭建有效载体，营造宣传氛围，在学习中华优秀传统文化中提升道德修养，感悟人生真谛，这是我们学习和弘扬中华优秀传统文化的意义所在。"庄河团市委书记王晓哲向我们传递了他们的真实想法。

据了解，近年来庄河团市委围绕"弘扬中华优秀传统文化，践行核心价值观，创建全国文明城市"的主题，多次举办传统文化论坛，其中千人以上的论坛就有三次，500人以上公益论坛六次，分别邀请了全国优秀讲师从不同角度传播传统文化，受益群体包括青年干部、教师、医务工作者、武警官兵、学生等社会各界人士近7000人次参加，受到了市民的热捧。

通过公益论坛的方式，不仅诠释了传统文化内涵，更唤醒社会道德的回归，将传统文化与时代精神相结合，构建和谐社会，传递正能量。王晓哲告诉我们，团市委机关带头学习，开办青年国学大讲堂，以《论语》《弟子规》《了凡四训》等传统文化精髓为主要内容，每名机关组成人员就是授课老师，走进基层巡回为团员青年讲课，同时邀请各行业的青年典型走进讲堂，分享个人成长经历，传播社会正能量，深受青年欢迎。

来自庄河市外语学校的王亮，参加了为期三天的大连市第五届传统文化论坛庄河分论坛之后，他的身上发生了神奇的变化。原来的他平时和父母说话爱顶撞，逆反心理特别强，父亲生病住院，家庭的重担就落在了母亲一个人身上，他不但不听话，还经常逃课，离家出走，老师同学怎么劝他也不听。这次经老师多次做工作，他走进了论坛，没想到听了两天时间，便主动回到家中，向母亲忏悔，给母亲磕头认错，还主动给母亲洗脚，母子二人相拥而泣。第二天，母亲来到学校探寻究竟，到底是什么力量让儿子又回到了她的身边？校长说，是王亮学习了《弟子规》，反省到自己过去的错误行为，还被全国十大孝子的亲身经历深深打动。其实被打动和改变的又岂只是一个王亮。

🉑 "情景剧" 比赛覆盖全市学校

　　庄河团市委还积极开展"国学进校园"系列活动，在全市中小学免费发放《弟子规》，引导广大青少年通过诵读国学经典、学习中华优秀传统文化，树立正确的世界观、人生观和价值观。

　　2014年，在全市广大青少年当中普遍开展以"传承国学经典、弘扬传统美德"为主题的国学情景剧比赛，情景剧以"二十四孝"故事、礼仪、诚信、友爱等为主要内容，精彩演绎了《芦衣顺母》《孔子尽礼》《立木取信》《管鲍之交》等脍炙人口的传统美德故事。最初以班级为单位开展初赛，全部由学生自编、自导、自演，选拔出优秀的作品再参加复赛和决赛，活动贯穿全年，覆盖全市所有学校共57,578名学生，真正做到了家喻户晓。

　　鞍子山中心小学参演的作品《芦衣顺母》，获得小学组一等奖。其中扮演子骞的王元政同学，因此成了学校内的小偶像，同学们纷纷学习他文明懂事、尊敬师长的优秀品质。庄河第三高级中学参演《卖身葬父》中董永的杨丽同学，在高一时还是一个厌学、经常和同学发生矛盾的叛逆学生，在准备排练情景剧的过程中，她和同学不但收获了友谊，也明白了与他人团结协作、关爱他人的道理。比赛结束后，杨丽投入到紧张的高三复习中，并开始担任班级生活委员。经过努力，她的成绩逐渐提高，在月考时考进全校前30名。一个少不经事的叛逆少女，经过传统文化的熏陶，终蜕变成一名积极向上、充满正能量的有志青年。国学情景剧的表演形式，也让更多的学生对传统文化的学习有了新的认识，让国学经典真正走入了学生们的心中。

庄河团市委的这一"情景剧"比赛项目，2015年被团中央评选为全国优秀国学教育项目。

如今，中华优秀传统文化已经走进了庄河市的团员青年之中，融入到了社区和家庭，贯穿于学校、家庭、社会教育的全过程。全市青年人正积极投入到志愿服务和社会公益活动当中，力争做一名中华传统美德的继承者、传播者、践行者，向上向善的正能量迅速集聚，大家都在为创建文明城市添砖加瓦。

目录

从汉伏波将军的一封家书谈君子慎言
——我读《古文观止》之一

文／徐薪然

这部三百年前的私房古文教材，至今仍然深刻地影响和塑造着中国人的语文学习和表达语境。

《古文观止》：一部文选，绝大辞章

《古文观止》成书于清代康熙年间，是一部收录历代古文名篇的文选，编者是浙江绍兴的吴楚材和吴调侯叔侄。他们既是当地知名的塾师，也是颇为成功的编书家，广为流传的《纲鉴易知录》即出自吴楚材的手笔。最初他们编纂此书是作为私塾授馆的讲义，谁知名声渐渐地大了，有外地学子慕名访求抄录，乡绅先生读之有观止之感，遂以"古文观止"之名付梓流传。三百年来，古文读本行世者甚繁，但若论影响之巨、发行之广、版本之多，则无有出其右者，"观止"之名竟实至名归。

　　现代人对这部书似乎感到陌生，但如果提起下列这些在文末标有"全文背诵"的中学文言课文，恐怕心头会立刻涌起无限的回忆：《曹刿论战》《邹忌讽齐王纳谏》《触龙说赵太后》《过秦论》《前出师表》《陈情表》《兰亭集序》《归去来辞》《桃花源记》《五柳先生传》《谏太宗十思疏》《滕王阁序》《阿房宫赋》《师说》《圬者王承福传》《祭十二郎文》《捕蛇者说》《种树郭橐驼传》《岳阳楼记》《五代史伶官传序》《醉翁亭记》前后《赤壁赋》《六国论》《游褒禅山记》……这一个个耳熟能详、灿若星辰的名字，竟然都是《古文观止》中的选文！也就是说，这部三百年前的私房古文教材，至今仍然深刻地影响和塑造着现代中国人的语文学习和表达语境。

　　《古文观止》的魅力要言之，在于选文之精当——既流畅优美又篇幅适中，非常适合品读玩味。不过，今天我们要从"国学"的角度来认识它。作为科举应试的教参，它的选文高度符合儒家正统教义。要知道，儒者历来讲求"文以载道"，认为文字的终极价值在于祖述往圣之学，为天地弘道，为生民立命，为国家经纬。因此，书中到处闪耀着古之君子的人格光辉，令人悠然神往，其中不乏有益人生的良箴宝鉴，细细品读，足以启迪人心、发人福慧。笔者不揣浅陋，在此将肤浅的体会汇报给诸位读者，诚请方家批评指正。

《诫兄子严敦书》——马伏波的将门家传

这是《古文观止》的一篇汉代古文，原是东汉开国名将伏波将军马援写给侄子马严、马敦的一封家书。马氏兄弟出身将门，或许是纨绔公子年少轻狂的缘故，平日里喜好高谈阔论、讥议时人，还热衷于结交"侠士"，身上沾染了不少江湖习气。马援对此十分忧心，即便在远征交趾战阵繁忙之际，还特地写信叮嘱二人力戒骄狂、勤修品行，他写道：

"我希望你们听到别人的过失，就像听见自己父母的名讳——耳朵可以听闻，但口中不可言说。议论他人优劣短长、褒贬国家政事法度，是我最深恶痛绝的事情，宁死不愿听到子孙有此行径。"言语看似只是日间小事，实则关乎人生成败，是以老将军作此训诫。清代童蒙读物《弟子规》上说："道人善，即是善，人知之，愈思勉；扬人恶，即是恶，疾之甚，祸且作。"即明白告诉我们：言善即行善，言恶即作恶，言语的力量绝对不可以轻忽。

接着，马援以自己两位好友为例进行比较。一位是现代龙姓的始祖、时任山都县令的龙述（字伯高），一位是马援的旧部、时任越骑司马的杜保（字季良）。他评价二人道："龙伯高品行敦厚、行事周慎，说话稳妥、少有不端，为人谦约节俭又不失威严。我爱重他，敬佩他，希望你们能以他为榜样。杜季良豪侠好义、慷慨重情、忧人之忧、乐人之乐，择友无论清浊都肯倾心与之结交，他父亲过世时，很多外郡的朋友都专程赶来吊唁。我爱重他，敬佩他，但不希望你们学他的样子。因为，学龙伯高不成，仍不失为恭谨有礼之士，即所谓'雕刻天鹅不成至少还有鸭子的模样'；可一旦学杜季良走了样，只学到好强争胜、放荡不羁的皮毛，就会沦为天下耻笑的轻薄子，即所谓'画虎不成反类犬'了。目前看来，杜季良的前途尚不明朗，但我听说新郡守刚到任，就对他的狂傲无礼恨得咬牙切齿，州郡上的人把这事告诉我，我常常为他感到寒心忧惧，因此不希望你们步他的后尘。"

老将军一生纵横沙场、功业赫赫，其"老当益壮""马革裹尸"的豪言千百年来传扬不衰，然而却如此以谨言慎行、谦恭敦厚训诫子侄，令人不禁深思：世人大都艳羡纵情快意的人生，赞颂豪迈威武的风范，恰如豪气干云、一世英雄的杜季良。相较之下，敦厚周慎的龙伯高活得就"憋屈"多了。然而，我们要警惕人生的"陷阱"，很多美好的价值如果过了"度"，就会滑向反面。孔子曾有"六言六弊"的训诫："好仁不好学，其蔽也愚；好智不好学，其蔽也荡；好信不好学，其蔽也贼（伤害）；好直不好学，其蔽也绞（尖刻）；好勇不好学，其蔽也乱；好刚不好学，其蔽也狂。"如杜季良之信、直、勇、刚，若不学礼知度，便会引发贼、绞、乱、狂的邪行，到头来害了自己。这早已被古今无数人生实践所印证，龙、杜二人的遭际也不例外：杜季良不久被仇人参劾，丢官下野，不复见于史籍；龙伯高右迁郡守，行年八十九岁而卒，并以敦厚懿德被海内龙姓共尊为始祖，供奉至今。

⊛ 孔子关于言语的两个半 "公案"

怎样言语才算"守礼""中节"，自古就是人们反复探讨的命题。对此，笔者想再举孔子关于言语的两个半"公案"，作一解说。

一次，孔子的弟子子张向他学"干禄"（求仕进），夫子说："多听，对没把握的暂时不说，谨慎说出其余没有疑问的，就能减少过失；多看，对有疑问的暂且不做，慎重地做那些有把握的，就能减少悔憾。如此，官职俸禄就可以谋到了。"由此观之，谨言慎行对于人生成就多么重要。但下面这则典故会让我们重新困惑不已：孔子早年曾在鲁国太庙中任职，每遇到一件事就会请教旁人，达到了"每事问"的地步，这实在是与他对弟子的教诲大相径庭。孔子很早就以"知礼"闻名鲁国，为何却在入仕后表现得如此"外行"？后世的解释历来纷纭，不过若从较为平易的角度来看，"每事问"的做法倒颇符合孔子"三人行则必有我师焉"的宗旨；同时，提问意味着思考和投入，也体现了他作为一个入仕不久的年轻人所应具备的积极态度。看似矛盾，却也对立统一。

剩下的"半个"故事，是孔子诛少正卯的典故。传说孔子为鲁国大司寇七日即诛杀了有"闻人"之称的少正卯。他对众人说，人有五种不可饶恕的恶行，而少正卯竟兼而有之，因而非杀不可。这则典故据后人考证多半是虚构的，不过"五恶"中"言伪而辩""记丑而博"两条却值得我们深以为戒。生活中不难见到这样的人：言多伪诈诡辩，满腹委屈怨尤，言及真善美颇多鄙薄，谈起假恶丑滔滔不绝。这种人，今人有名曰"垃圾人"，"心灵鸡汤"告诉我们要对其敬而远之。这些我们身边的"少正卯"们，专好拨弄事非、倾倒思想泄物，在偶语闲谈中蛊惑人心，毁人心智。因而，他们的言语是"有毒"的。若换一个角度诠释这个问题，古语有"口乃福祸之门"的说法；"心灵鸡汤"也说："你嘴上所说的人生便是你的人生"。诚哉斯言！言语当真具有塑造人生的神奇力量。而当我们向更深层次求索，会发现慎重言语根本上是在净化和修炼我们的心灵。不难想见，当一个人的内心多享有一分平静与和爱时，其言语也必然凭添一分召来福运的魔力。

最后，细心的读者或许已经注意到：伏波将军叮嘱侄儿不可背后论人，自己却在信中对好友品头论足，这实在是有些戏谑的意味。事实上，老将军的确因为教侄心切而犯了口过，因此给他个人和整个家族引来了一场极大的灾祸，当然这是后话了。可以说，《诫兄子严敦书》这篇选文，文里文外都带给我们深深的训诫，值得细细体会。

从"德位相配"
到"本分做人"（上）
——我读《古文观止》之二

文 / 徐薪然

> 力所难胜者，举则自伤。与之相近的，人生的福泽看
> 似无形无质难以衡量，实则与人的心智德行相互匹配。

🏵 引子：德所难载者，获之非福

公元前 307 年，秦武王在周都洛邑暴亡，年仅 23 岁。据《资治通鉴》记载，秦武王"好以力戏"，是在与力士孟说举鼎时"绝脉而薨"。元人胡三省于其下注云："人举重而力不能胜，故绝脉而死"。由此观之，秦武王是被自己的逞强好胜害死的。在笔者看来，这既是一桩真实的历史事件，也颇似一则鲜活的箴谏寓言——它以一位君王的生命为代价告诫世人：力所难胜者，举则自伤。与之相近的，人生的福泽看似无形无质难以衡量，实则与人的

心智德行相互匹配。一个人若己德不修而妄求福禄，则无异于重蹈秦武王般"绝脉而薨"的覆辙，即所谓"德所难载者，获之非福"。在下面的两节里，我们将通过品读《古文观止》中的相关篇章，体悟古人"德位相配"的深邃哲理。

🔘 古人所谓"道德"及"德位相配"

今人读古书，往往难于认同古人对道德的"过度执迷"。这种"执迷"集中体现在《尚书》"皇天无亲，惟德是辅"、《道德经》"天道无亲，常与善人"上；体现在孔子《论语》"远人不服，则修文德以来之"、魏征《谏太宗十思疏》"思国之安者，必积其德义"上；体现在曾子《大学》"君子先慎乎德。有德此有人，有人此有土，有土此有财，有财此有用。德者本也，财者末也"上；体现在子思《中庸》"故大德，必得其位，必得其禄，必得其名，必得其寿"上，等等。在今人看来，一个人的道德品质固然十分重要，可以让我们成为规矩厚道的好人，但不足以与成就人生等量齐观，古人的道德说教未免太过其实。

其实，古人所谓"道德"，并非局限于道德伦理或礼仪规范层面，而是在一个更为广大的语境下，探讨那些关乎宇宙人生的深邃智慧。大体来说，古人所说的"道"，是指万事万物运行的客观规律；"德"是指个人"明道""行道"的智慧和能力。两者合称，用明代大儒王阳明的话来说，叫做"知行合一"；用马克思主义理论来阐述，叫做"尊重客观规律和发挥主观能动性的辩证统一"。所以，古人所说的"有德君子""得道高人"，本质上是指智慧通达、洞明事理的"明白人"。这样的人能够透过事实现象洞察事理真相，不被妄念假象所迷惑困扰，从而达到内心清净、动静皆"中节"的境界，即孔子所谓"耳顺"和"从心所欲不逾矩"。

　　基于此，古人进一步引申出"德位相配"的哲理：每个人在其人生中所能获得的"位"（可以看作"功名利禄"这些"外物"的总和）与他的"德"（"明道""行道"这些"内在"德能的概指），在根本上是互相匹配的。可以说：德进则位进，德衰则位失，半分不多，半分不少。这个道理看似迂阔诞谩，实则切实平易，古人有很多透辟的论述。譬如孔子曾说："不患无位，患何以立；不患莫己知，求为可知也。"意思是说：我并不看重自己有没有求得官位、别人知不知道我的声名，我在意的是自己是否具有立于其位的能力和值得被人知晓的品质。即俗语所说的"没有金刚钻，别揽瓷器活"，以及习近平同志常说的"打铁还需自身硬"。又譬如《易经》说的："地势坤，君子以厚德载物"，指明了惟有累积厚德方能承载外物的道理。又如明末劝世文《了凡四训》中指出的："世间享千金之产者，定是千金人物；享百金之产者，定是百金人物；应饿死者，定是饿死人物。天不过因材而笃，几曾加纤毫意思？"一语点破"千金""百金"等诸般外物，其实是人内在价值的显化，道出了富贵由己的道理。

下面，我们就结合《古文观止》中的选文，来体会"德位相配"是如何在现实中体现的。

《子产论尹何为邑》—— "学而后入政"

子产，春秋末期郑国贵族，公元前543年到公元前522年执掌郑国国政，与晋国的叔向、齐国的晏婴同为那个时代最负盛名的政治家。在他执政的二十余年里，郑国达到了"都鄙有章，上下有服，田有封洫，庐井有伍"的大治局面，流传千古的"子产不毁乡校""子产论政宽猛"都是关于他的典故。孔子与子产同时而稍晚，曾给予其很高的评价，他认为子产"有君子之道四焉：其行己也恭，其事上也敬，其养民也惠，其使民也义；"当听到子产去世的消息时，孔子不禁怆然泪下，谓之曰"古之遗爱也"。

《子产论尹何为邑》这篇古文所讲述的故事，发生在子产执政郑国之前。这时的执政上卿子皮已届致仕之年，打算把自己的封邑交给一个名叫尹何的年轻人来管理。春秋时代，中原各国实行所谓"封邦建国"的封建制，周天子下有诸侯，诸侯之下有卿人夫，卿大夫下又有士，他们各自享有规模等差的私人领地（封邑）及其上治权，并且世代继承、世袭罔替。从本质上来说，整个周朝天下就是建立在大大小小的贵族领主及其"独立王国"之上的，这与战国秦汉以后的郡县制判然迥异，是中国历史上一个具有传奇色彩的"贵族时代"。

明乎此，我们也就不难理解，封邑对子皮而言不啻为最宝贝的家当，交给谁来治理当然是件头等大事。而对于尹何来说，年纪轻轻就成为一邑之宰的诱惑好似一个"超级大蛋糕"摆在面前，日后的平步青云、一生的荣华富贵似乎就在眼前，是所有人梦寐以求的美事，自然是一百个愿意。可是，子产却反对这一安排，他说："尹何太过年轻了，可能无法承担这份责任。"并用三个非常精妙的比喻说明他的观点：

其一，"世人爱护他人，都是希望看到他们好。如今您因为钟爱尹何就把封邑交给他治理，好比让一个还没能熟练操刀的人去割肉，一定会让他伤到自己。您爱别人的方式就是使他受伤，那么今后谁还敢得到您的眷顾？"

其二，"如果您有一块美锦，想必一定不会交给一个新手来裁制。同理，大的官爵和封邑，是您身家性命之所系，如果就这样交给一个初学者来治理，付出的代价难道不比美锦高昂得多吗？我只听说'学而后入政'，从没听说拿政事供初学者练习的。如果真要这样做，恐怕您将遭受祸害。"

其三，"这和驾车行猎的道理如出一辙：只有射箭和驾驭的本领贯通了，才能期待有所收获。如果从未有过射御的练习就贸然驾车出猎，能做到不翻车压坏自己就已经很不错了，哪里还敢奢求捕获猎物呢？"

"子产论尹何为邑"正是向我们揭示这样一个事理真相：人生想要获致美好的事物，必须要具备与之相应的道德，否则追求和获取反而是一种伤害，即如孔子所说的"智及之，仁不能守之，虽得之，必失之"的道理。是以君子明道，不汲汲于追逐外物，而是在不疾不徐中觉察自己的"本分"，并且免于因妄动、盲动招来的祸患，即《中庸》所谓"君子居易以俟命，小人行险以侥幸"。

故事的结局是：子皮采纳了子产的谏言，没有让可能的祸事变成现实。不过，我们也就无从验证子产的预料是否准确。这让我们忍不住去猜想：倘若子皮坚持自己的想法，坚持把封邑交给年轻的尹何，结果又将如何？事情的结局果真会像子产预想的那样吗？历史当然不能假设，但相似的事情却在反复上演，而其中之一就曾经在子产的家族中真实发生过。笔者窃以为，或许子产的见解正是源于这份深藏的家族记忆。下一节中，我们将揭开这段尘封的历史旧案，借以探寻"德位相配"更为深邃的内涵。

从"德位相配"到"本分做人"（下）
——我读《古文观止》之三

文／徐薪然

当御手的德能不足以驾驭福禄这辆飞驰的马车时，压覆败亡的惨祸就在所难免了。

上一节我们讲到，子产劝子皮不要把封邑交给年轻的尹何来治理。他这样做，看似挡了尹何的飞黄腾达之路，其实是对他的一种保护。正如古人"德位相配"的道理所揭示的那样：一个人所承载的福分，应当与其德能相匹配；如果贪求和享受过度，非但不是福，反而是祸。

笔者猜想，子产的智慧很有可能源于家族祖先的一桩陈年旧案，这便是《古文观止》的首篇——《郑伯克段于鄢》。

《郑伯克段于鄢》——"多行不义必自毙"

　　子产出身郑国公族，从他往前回溯二百年，郑国曾经出过一位很有作为的君主，这就是有"春秋小霸"之称的郑庄公，"周郑交质""掘地见母"都是关于他的典故。郑庄公的出生与常人相异，是脚先头后，这种生法古人称之为"寤生"，认为是很不吉利的。古代生育的死亡率极高，庄公这么个生法等于叫母亲武姜到鬼门关上走了一遭，着实受到惊吓不小。因此，她对大儿子的感情不是爱，而是近乎怨毒和厌恶，便也干脆给他取名叫"寤生"。后来，二儿子段出生了，武姜对他钟爱无比，多次请求丈夫郑武公废掉寤生的世子之位，立段为嗣。废长立幼，兹事体大，郑武公权衡再三最终没有答应，这才让寤生保住了储君的地位。同样是武姜的亲生儿子，弟弟段始终独占母亲的爱，作为兄长的寤生却时时处处感受到来自母亲和弟弟的敌意和威胁，此中一番恩怨情仇是外人殊难体会的。

　　庄公即位后，武姜心中不甘，亲自出面为段讨要封邑爵禄。她先是索要制地，庄公忌惮这里地势险要，容易使段做大难制，因而没有答应她。武姜又向他讨要京地，庄公推脱不掉只好应允，让段作了"京城太叔"。京的规模很大，远远超出段所应享有的等级待遇，于是有大臣向庄公进谏道："封臣的都邑过大，是国家的危害。依照先王之法，臣下的都邑，大的不能超过国都的三分之一；中的，五分之一；小的，九分之一。现在，京超出了规格，恐怕您将不堪其害……姜氏的贪欲没有餍足，请您早作打算，不要听任其如野草般疯长。蔓延的野草尚且难除，何况是您宠禄过度的弟弟呢！"庄公却表现得异常淡然，他只是冷冷地说："多行不义必自毙"，你且等着瞧。果然，段的举动愈加胆大妄为：他先是命令郑国西部和北部的臣民听命于己，继而干脆将其划为自己的领地。对此，庄公都是装聋作哑、听之任之。终于有一天，段自以为羽翼丰满，便真的纠集武装，阴谋偷袭国都、弑兄自立了；而武姜则作为内应，待叛军一到就打开城门。可他们哪里知道，这一切都在庄公的掌握之中，他抢先派出大军击溃了段的乌合之众，"京城太叔"被迫逃亡，漂泊异乡，终其一生再也未能回到郑国。

从专宠到夺嫡，从逾制厚封到分庭抗礼，直至最后谋反叛乱，我们看到了段在母亲的溺爱和哥哥的宽纵下一步步走上不归之路。然而，春秋时代的史官早已指出：庄公的不闻不问，其实是在有意助长弟弟的骄狂和邪枉，用"成君之恶"的手段让段把"乱臣贼子"的罪名坐实，再对其加以铲除。从中，我们可以清楚地看到"非分之福"对人性的戕害。

《石碏谏宠州吁》——"阶之为祸"

无独有偶，郑的近邻卫国也在同一时间上演了兄弟阋墙的悲剧，这便是《古文观止》的第三篇《石碏谏宠州吁》，它透露了更多有关"非分之福"将人引向灾祸的细节：

卫国的国君卫庄公先后娶的两位正室夫人都没能留下嫡嗣，卫国的储位因此空缺。诸位庶公子中，年纪较长的公子完因得到嫡母庄姜的认养，获得了储君的身份；另一位庶公子州吁，则十分得庄公的宠爱，他素来武勇且喜好兵事，庄公从来不加以禁止约束。不难看出，公子完储君的地位很不稳固，他时时受到宠弟州吁的威胁。卫国一位名叫石碏的老臣看到了潜伏其中的危机，挺身向庄公进谏："臣听闻，疼爱子孙就要教给他们为人的正道、远离邪枉。骄狂、奢侈、淫乱、放逸，这四种邪行都是宠爱和供养过度导致的。如果您要立州吁为嗣，就请早作决断；如果没有这个打算，像现在这样过分宠爱他，就会把他引向作乱的境地（原文为"阶之为祸"）。毕竟，得到宠爱而能不骄狂，骄纵惯了还能忍受压制，受到压制而能不心生怨恨，心怀怨恨还能不为非作歹的人，实在是太少太少了！"

石碏的论述委实透彻：州吁得到庄公的偏宠，在大众看来似乎是福气、是优势，正可以乘势而上、大有作为，但在"达德君子"眼中则不啻为一场灾难——州吁本就生性勇武，加之庄公不加节制的宠溺，很容易使他骄狂得不可一世，日后如何能甘心居于人下，如何对原本和自己身份相当的异母兄长继承君位真心服气。如此，一场兄弟阋墙的惨祸就近在眼前了。可惜，庄公被一时的好恶迷惑，没有听从石碏的谏言。等到公子完继位后，果然被州吁的骄横奢侈激怒，将其罢免。后者索性发动叛乱弑兄自立，成为春秋时代的第一个弑君者。不过，仅仅数月之后，这位弑君者就在内外的共同讨伐中遭到铲除，为乃兄偿命。到头来，庄公的宠爱把自己的两个儿子都害死了，这不是正应了子产所说的话吗——当御手的德能不足以驾驭福禄这辆飞驰的马车时，压覆败亡的惨祸就在所难免了。所以，宠禄超过本分，真的未必是福；唯有踏踏实实地积功修德，才能获致真正长久可靠的幸福。其实，我们熟知的《触龙说赵太后》阐述的也是同样的道理，其在文末写到："人主之子也，骨肉之亲也，犹不能恃无功之尊、无劳之奉，以守金玉之重也，而况人臣乎！"此中祸福利害，吾众不可不察。

⊛《圬者王承福传》——"任有大小，惟其所能，若器皿焉"

享有"文起八代之衰"盛誉的韩愈，曾为一个平凡的泥瓦匠作过一篇小传，这就是《圬者王承福传》。小传的主人公王承福曾参军十余载，并获有官勋。但他却主动放弃官勋的虚荣，选择回乡作一个"普通人"。此人虽然身份卑微，却对人生有着一番不同寻常的见识，他说：每个人生来禀赋不同，因而所承担的责任和享受的福禄也自各异，正如不同形状和大小的器皿具有不同的功用一样（原文为"任有大小，惟其所能，若器皿焉"）……如果干了这一行，吃了这一行，却怠忽其事、轻忽其责的话，上天就会降下灾祸惩罚他。

区区一个泥瓦匠，凭什么敢对人生富贵下这样一番大言不惭的论断？原来，他因为工作的关系，常年出入长安的一些富贵之家，亲眼目睹了这些豪门望族在十数年间由辉煌到败落、由高墙碧瓦到一片丘墟的大起大落。他们中有的是因为触犯国法而遭到刑辟，有的是因为出了不肖子孙把家业败尽，有的则干脆断嗣绝后以致财产充公。王承福因此感叹道："这难道不正是因为贪图富贵享乐却怠忽其事而遭到天降的灾罚吗？这难道不正是因为勉强自己去做才智所不及的职事、强求荣华而招致的结果吗？这难道不正是因为亏心事做多了、明知其不可却勉强攀援的下场吗？或许富贵原本就很难守住、付出不及享受就会招致这样的结果吧？抑或富贵贫贱都有时运、一去一来没有恒常的缘故吧？"

这一连串反问，其实是韩愈借王承福之口对世人的箴谏。孔子说："富与贵，是人之所欲也，不以其道得之，不处也；贫与贱，是人之所恶也，不以其道得之，不去也。"乐富贵而悲贫贱，是人的天性，即使是圣人君子也不例外。但"达德君子"却能做到"有所为有所不为""不义而富且贵于我如浮云"，这并不是他们生来愤世嫉俗，而是因为他们深谙"德位相配"的道理，知道唯有遵循"本分"、内修"德行"，才能获致最真实可靠的幸福。

那么，怎样才算是"如理如法"地追求幸福呢？我们将在下一节中，就"劳动观""富贵观"等问题，探索古人关于成就人生的秘密。

论贵妇的自我修养

——我读《古文观止》之四

文 / 徐薪然

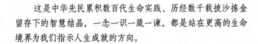

> 这是中华先民累积数百代生命实践、历经数千载披沙拣金
> 留存下的智慧结晶，一念一识一箴一谏，都是站在更高的生命
> 境界为我们指示人生成就的方向。

前三节，我们一起品读了《古文观止》中一些看起来"有悖常理"的故事：一生戎马的伏波将军马援，居然在家信中以谨言慎行训导子侄，豪侠好义、一世英雄的杜季良却落得晚境凄凉，敦厚周慎、看似憋屈的龙伯高则被海内龙姓世代供奉；富贵声名这些在世俗看来妙不可言的"好东西"，却成了子产眼中贻害将来的祸根，成了郑庄公坑陷弟弟的诱饵，成了卫庄公误导儿子走向祸乱的阶梯，成了王承福眼中富贵之家凋零败落的天罚……凡此种种，岂非怪事？

不得不说，我们对于世间万物的识见实在太有限了，许多所谓的"知识""见解"和"经验"，不过是囿于一时、一地、一人、一事的"成见"或者"偏见"；我们的耳力、目力、脑力、心力所及，相比这茫茫世间，就好像盲人摸象、管窥蠡测一般幼稚肤浅。可是，我们早已习惯了画地为牢，执拗于"私智"把自己紧紧绑缚。其实，面对世事的错综纷扰，学习祖先的智慧可以帮助我们超离苦海——这是中华先民累积数百代生命实践、历经数千载披沙拣金留存下的智慧结晶，一念一识一箴一谏，都是站在更高的生命境界为我们指示人生成就的方向。

🌐 不用劳动的人生就是幸福的人生吗

在本节《古文观止》的分享中，我们要谈一谈修习德行、获致幸福的最根本"法门"——劳动。

"劳动获致幸福"，这是一个尽人皆知的道理。可是，对于相当一部分当代青少年来说，似乎还需要经历时日去领悟体会。当代青少年无疑是幸运的，既没有如祖辈那样饱受战乱流离的威胁、饥寒匮乏的侵袭，也没有如父辈那样迫于生计的辛苦劳作。有人说他们有福，是泡在蜜罐里长大的一代；也有人说他们生在福中不知福，自私并且懒惰，是垮掉的一代。他们全神贯注地追求更舒适的生活，自由、随性、少有牵绊；他们不安于"平淡生活"的绑缚，按部就班、日复一日被视作不可忍受的事情。于他们中的大多数而言，辛劳工作只是迫于生计的权宜之计，是理想照进现实的愤懑与苦涩——现在的工作是为了有朝一日的不工作。所以，在阳光海滩打发岁月成了时下最流行的人生愿景，"不用辛苦工作我来养你一辈子"成了最浪漫动人的爱情誓言。

毋庸置疑，人们从来都艳羡富足悠闲的生活，把不用工作看作是一桩幸事、美事，看作是所有人生困局的"终极解决方案"。然而，这也透露出世俗的可怜之处：总是被生活中一个个虚假的幻象哄得团团转，穷尽一生心力换来的往往只是一句"不过如此"。笔者这样说，并非"心灵鸡汤"喝多了出现了幻觉，抑或出于无产阶级的"天然阶级情感"，而是基于一个个鲜活的生命实践。在《古文观止》中，就有这样一篇探讨劳动真意的古文，相信读过之后一定会对劳动的意义有一番新的认识。

《敬姜论劳逸》——"劳则思，思则善心生"

敬姜是春秋时代的一位贵族夫人，她的丈夫是鲁国上大夫公父穆伯，他们的家族是鲁国三大卿族之首季孙氏的支裔，是地道的贵族。公父穆伯去世得早，敬姜与儿子公父歜（谥文伯）相依为命。一日，公父歜退朝回家，看到母亲正在纺麻，不禁讶然道："以儿的家世，还要劳累主母亲自纺绩，这件事如果让季康子知道了，恐怕要怪罪儿子没有好好侍奉您了！"这里提到的季康子，是当时鲁国的正卿、季孙氏的宗主，论辈分是公父歜的侄子、敬姜的侄孙。谁知敬姜听后非常生气，她说："鲁国这是要亡国了吗，让一个不明事理的无知后生参与政事！你坐下，我把其中的道理告诉你——古代圣明的君王，都选择贫瘠的土地让人民居住耕耘，使他们终日勤勉劳作，便可使国家长治久安。这是因为人民勤恳劳作就会细心思量体会，细心思量体会就会生发出仁善之心。相反，居于沃土的人民因为不必付出太多辛劳就可以过得安稳富足，安逸就会产生放纵，放纵就会丢掉善心，从而生发出邪恶的心来。所以，沃土之民少有才干，这是他们放纵安逸的结果；瘠土之民无不崇尚仁义，这是辛勤劳作的结果。"

乍看之下，敬姜的道理仿佛与常理相悖：膏腴之地从来都是人们竞相争求的"香饽饽"，小到人与人之间，大到国家之间，有太多冲突争端因之而起，圣明的君王岂有"择瘠土而处"的道理？再者，即便敬姜的话属实，这样的做法难道不是统治阶级用来愚民、弱民的政治权术吗？笔者初读时也颇不理解，不过联想到亲身经历过的事情，却也体会出几分滋味。譬如当下的 80 后、90 后、00 后，作为家中的独苗，在父母百般呵护下长大，除了学业，几乎不用为任何事操心劳力。长此以往，便逐渐丧失了对父母的体谅和感恩，认为这一切都是理所当然的，以致于挑剔父母、埋怨父母、轻视父母，甚而呵斥父母、打骂父母。正是父母的过度宠溺，造就了这些小皇帝、小公主，使他们因为过于安逸放纵而麻木不仁。正所谓"不养儿不知父母恩"，只有在亲尝过生活的艰辛和不易后，为人子女才有可能体会"可怜天下父母心""谁言寸草心报得三春晖"这样话的分量。进一步讲，人只有在经历过生活的蹉跌磨砺后，才能对他人的遭际感同身受，才会产生同理心、同情心，才会懂得"没有谁过得容易""帮助他人就是帮助自己"的道理。这恐怕就是敬姜"劳则思，思则善心生"的含义吧。

"所以"，敬姜说："自天子、诸侯、卿大夫、士，至于庶人，无不明而动，晦而休，无日以怠。"哪怕你身份再高贵，都必须脚踏实地完成自己的工作、履行自己的本分。不仅男人如此，女人亦然："即便尊贵如王后、公侯夫人、卿之内子、列士之妻，抑或庶士以下普通人家的女子，无不亲自纺织劳作，助夫君一臂之力。'君子劳心，小人劳力'，每个人都要恪尽本分、勤勉工作，这是先王留下来的训诫！自上以下，谁敢荒淫其心、抛舍其力，游手好闲、贪图安逸！现如今，我是个寡居之人，你又官在下位，即使朝夕勤勉，犹恐堕先人之业。何况如你现在这般怠惰，将来要如何逃避刑罚呢？我希望你朝夕自修，将'不废先人之业'的志愿时刻铭记于心，你却说'为什么不让自己活得安适一些？'我恐怕你父亲将来是要绝祀了！"孔子听到她的话后，对众弟子说："你们记住，季氏之妇不荒淫。"

由此观之，敬姜作为一位贵族夫人，尚且不忘亲身劳作以时刻警醒自己，我们作为普通人，又做的哪门子不事劳作、悠闲放逸的白日美梦呢？一生创立了两家世界 500 强企业、战后日本"经营四圣"之一的稻盛和夫先生，便用自己一生的经历体悟告诉世人：

——劳动是医治百病的良药，工作能够克服人生的磨难，让命运获得转机。

——人工作的目的是为了提升自己的心志。

——认真劳动能塑造美丽的心灵。

这不正与敬姜"劳则思，思则善心生"的告诫异曲同工吗？因为他们都懂得劳动的真意所在——它已经远远超出了满足生存需要或者追求财富权位的层次，而直达修炼人格、追求人性真善的高度！

其实，"劳动获致幸福"的观念与"德位相配"的道理也是内在关联的：人生富贵享乐并非理所当然，而是有一定限度的，需要靠扎扎实实的劳动去创造，是与一个人的功绩德行正向匹配的。所以，我们不管处于何种境遇之下，都绝对不能轻视工作、逃避劳动，因为这是人安身立命的根基。或许这也正是《易经》"积善之家必有余庆，积不善之家必有余秧"、《孟子》"富贵不能淫，贫贱不能移"的真意吧。

所以，请热爱眼下的工作吧，因为它会让你收获真正的幸福！

醉翁之意不在酒，在顶立天地之间
——我读《古文观止》之五

文 / 徐薪然

> 悠悠一甲子，轮回一世间。欧阳修用一生坚守，换来显亲扬名这一刻，可谓能孝矣。

本节，我们要读一篇感人至深的祭文，这就是与韩愈《祭十二郎文》、袁枚《祭妹文》并称古代三大祭文的欧阳修祭父文——《泷冈阡表》。

🈷 放下物累，财货虽薄，德业乃成

欧阳修以"醉翁"的名号为世人所熟知，是一位垂名千古的大人物：他既是享有"唐宋八大家""千古文章四大家"诸多盛誉的文坛巨擘，也是官居枢密副使（国防部副部长）、参知政事（副宰相）、刑部尚书（部长）、兵部尚书的政坛领袖。可以说，他达成了古代儒者立德、立功、立言"三不朽"的人生理想。

北宋熙宁三年（公元 1070 年），六十四岁的欧阳修回到故乡祭祀父亲，《泷冈阡表》正是为此而作。对于这位年逾花甲的老人来说，选择在这个时候回乡祭祖具有非同寻常的意义。正如他在祭文开篇中所写的："先公葬于泷冈整整六十年后，儿子才在墓前刻下纪念的表文。这不是儿胆敢怠慢，而是在等待一个机缘。"

原来，欧阳修的父亲欧阳观在他四岁的时候就离开了人世，他的这种遭际在古代被称作"失怙早孤"。"失怙"的字面意思是失去依仗，用来形容彼时的欧阳修母子实在是贴切不过：母亲曾对他说："你父亲为官廉洁，而且喜欢施济旁人、招待宾客；他的俸禄虽然微薄，却从不想着有所积余，他常说：'不要让这些外物成为我的负累'。所以他去世后，家里连一片遮风蔽雨的屋瓦、一垄养家糊口的田地都没有。"

欧阳观不事积蓄的做法，看似不可思议、不近人情，实则有着极深的用意，这正是古人修身进德的一大关键，即放下对物欲的追逐。老子说："五色令人目盲，五音令人耳聋，五味令人口爽，驰骋畋猎令人心发狂，难得之货令人行妨，是以圣人为腹不为目，故去彼取此"；孟子说："耳目之官，不思而蔽于物。"他们都清醒地认识到，物欲的满足看似是一种快乐，实则是对人性的一种蒙蔽和伤害。所以，青铜时代的肉食者纷纷以饕餮纹自警，这与后来老子"如不知足则失所欲"的警句遥相呼应；孔子有"君子食无求饱，居无求安，敏于事而慎于言，就有道而正焉，可谓好学也已"以及"士志于道而耻恶衣恶食者，未足与议也"的警句，明确指出"求道"与"谋欲"是截然相悖的。这正与诸葛孔明"非淡泊无以明志，非宁静无以致远"的诫子格言、宋明理学"格物致知"的精神理念一脉相沿。落实到具体行为准则上，便有了清代陈宏谋《养正遗规》中"待人要丰，自奉要约"的行事规范。

自古以来，君之贤卿、民之父母，大多有此非常之节：春秋末叶，晏平仲（晏子）为齐景公卿相，己虽弊车羸马，然使国君之赐遍惠父母妻族，齐国待之举火谋食者三百余人；战国中，魏成子为魏文侯相，虽食禄千钟，只留什一奉己，其余什九皆用以为国求士；北宋贤相范文正公（范仲淹）平生好施予，尝置千亩义田以养济群族，虽出将入相、宠禄优渥，而竟贫终其身。由此观之，欧阳观之为看似有悖人情，实则深得古今圣贤求道真意。

至孝至仁，一身虽陨，必将有后

欧阳修的母亲郑氏出身江南名族，是一位贤良淑德的伟大女性，被后世尊称为"欧母"，与孟母、陶母、岳母并称中国古代四大贤母。她虽于孀居之中饱尝艰辛之苦，却始终对家庭的未来抱有乐观的信心，她对欧阳修说："自从我作了你家的媳妇，虽然没有机会亲自侍奉婆婆，但能够知道你父亲是个孝子；你从小就没了父亲，我虽然不能预知你将来是否会有出息，但坚信你父亲一定会有一个让他满意的后嗣。"欧阳修的母亲何以能在异常艰辛的生活中升起如此乐观的信念，据她自己说是从丈夫生活中的两个细节看出的：

"我刚嫁到你家时，你父亲刚刚结束服母丧一年。每逢祭祀时，他都会悲伤流涕地说：'祭祀时再如何丰盛，也比不上在父母生时哪怕极微薄的奉养'；平日饭食间，他也时常难过涕泣说：'以前家中贫苦常有不足，而今丰足有余了，母亲却享用不到了！'我开始见他如此，以为是刚刚免除服丧偶然有之，谁知此后常然若此，直至去世未尝不然。所以我说，虽然没有亲身侍奉过婆婆，但能够知道你父亲是个孝子……你父亲作官，常常夜里秉烛审视案卷，中间频频放下卷宗叹息。我问他缘故，他说：'这是一个被判了死刑的罪犯，我反复推敲案情希望给他谋条生路，却始终没有办法。'我便问他：'可以为死囚谋生路吗？'他说：'如果我尽了力还是不行，那么死者与我就都没有遗憾了，况且万一有一线希望呢？正因为

有这个可能，所以我知道不做任何努力就听任罪犯被处
死于他们是有遗恨的。像我这样尽力为死囚谋生路，尚
且有帮不了的，何况世人偏偏想置他们于死地呢！'……
哎，你父亲的心真的可以称得上是仁厚了！所以我知道
他必定会有能够继承他遗志的后嗣，你一定要努力呀！
孝养父母不必丰盛，重要的是一片孝心；有利之物虽然不
能遍惠众人，重要的是仁厚的存心。我没有什么能够教
你，这些都是你父亲想要对你说的话。"

　　欧母寥寥数语便勾勒出夫君的至孝至仁：母亲过世
多年，犹追思怀念如同生时，这正是孔子《中庸》"践其
位，行其礼，奏其乐，敬其所尊，爱其所亲，事死如事
生，事亡如事存，孝之至也"之意，真情至孝读来恻动
人心；罪囚死狱，众人憎之如仇雠，贪官污吏压榨如鱼
肉，欲令其死之心则一也，而欧阳观独惜之若一体，宵
夜谋划为之脱死，可谓仁之至也。明代劝世文《了凡四
训》中所记明人杨自惩的事迹与欧阳观相类：初为县吏，
存心仁厚，守法公平，虽己家甚穷，然见囚人乏粮，乃
撤己米济之，其后二子并为南北吏部侍郎（相当于现在
的中组部副部长），孙为刑部侍郎，尊荣显达奕世不绝。
将欧阳观与杨自惩的事迹合看，可知《易经》所谓"积
善之家必有余庆"绝非虚言。

🏵 俭约持家，纵有患难，处之有素

欧阳修于祭文中还记述了一件母亲勤俭持家的往事，令人感触很深。他写道：

"从我家微贱之时，母亲就以俭约持家，即便后来家境渐愈，也常常不使过分。她老人家常常教诲我说：'吾儿不能苟合于世，俭薄的生活是为可能的患难做准备。'后来果然被母亲言中，我被贬官夷陵，生活极其艰苦，她却言笑自若地说：'你家本就贫贱，我已处之有素了，只要你能自安，我也能安然处之。'"

呜呼！千古贤母高世风范于此一二言间尽显！须知，欧阳修是名副其实的少年得志——他22岁连中监元、解元，第二年高中省元、进士，唯因锋芒太露与状元失之交臂；科场得意之时，他又先后作了恩师与故宰相的榜下金婿；初入仕途的他，悠游恣纵于洛阳繁华之区，俊雅才情得以尽情写意，可谓风华绝代矣。然而，正是在这"人生得意须尽欢"的意气风发之时、世人争欲"换种活法"的苦尽甘来之期，欧母却以俭约治其家、以勿吝惜福涵其心，一句"吾儿不可苟合于世"至今读来仍然振聋发聩，使之不致沾染尘俗荣华物欲之累，保持俭约勤苦淡然之本，这等清醒，试问一世之中能有几人？却也因此成就了日后欧阳修"曾是洛阳花下客，野芳虽晚不

须嗟"这般虽贬不抑的非凡气度。有着"近代第一完人"盛誉的曾文正公（曾国藩）曾教诫子孙说："盛时常作衰时想，上场当念下场时。富贵人家宜牢记此二语"；又曰："居家之道，唯崇俭可以长久。处乱世，尤以戒奢侈为要义。"此等久历人事之言，与欧母之训异口而同声，道出富贵当前时达德君子自处要义，可谓不刊之论。

悠悠一甲子，轮回一世间。欧阳修用一生坚守，换来显亲扬名这一刻，其心中感慨激悦实非他人所能感想臆见，其所记高堂往事虽历久而弥新深远，至今读来，先贤圣哲相砺相砥的卓然志趣、且慈且和的音容笑貌犹现眼前，令人不禁为之恻然动容、肃然钦慕。

故曰：醉翁不醉，其意不在酒，在不负先人之教，顶立天地之间。

所谓"周德" 三缄其口

——我读《群书治要》之一

文/徐薪然

> 《群书治要》，一部来自唐朝，称述上古，指引未来的恢弘巨制，是当今国人学习中华优秀传统文化的上乘之选。

引言

这是一部唐太宗钦命编纂的皇家御用执政指南，开启大唐贞观治世的伟大时代；

这是一部集合往圣先贤修齐治平深邃智慧的宝典，熔铸中华两千年上古文明精粹于一炉；

这是一部失落千年重归华夏的宝贵文献，烛照新千年中华文脉复兴的伟大前程。

《群书治要》，一部来自唐朝，称述上古，指引未来的恢弘巨制，是当今国人学习中华优秀传统文化的上乘之选。

⊛《群书治要》简介

《群书治要》是唐初名臣魏征、虞世南、褚遂良、萧德言等，受唐太宗李世民之命，以辑录前人著述作谏书，为唐太宗治国理政、开创"贞观之治"提供借鉴而编纂的一部匡政巨著。它取材于五经（诗、书、礼、易、春秋）、四史（史记、汉书、后汉书、三国志）、诸子百家（阴阳、儒、墨、名、法、道德、兵、农、医、纵横），时代"上始五帝，下迄晋年"，从一万四千多部、八万九千多卷古籍中"采摭群书，剪截淫放"，呕心沥血数年而成，总计六十五部约五十余万言。

《群书治要》涉猎甚广，博大精深。要言之，在明得失，在修身治国。笔者不揣浅陋，以有限的阅读和理解，将其中足以明智者奉与广大读者品鉴，也诚请方家批评指正。

⊛ 所谓"周德"三缄其口

夏、商、周是中华上古的三个王朝，因为有禹、汤、文、武、周公这样的圣者，被视作理想治世的典范，后世合称之为"三代"。其中，周传国八百载，礼乐昌明，尤为三代翘楚，故孔子有"周监于二代，郁郁乎文哉，吾从周"之慨。以文王、武王、周公为典范的"周德"，被视为与天道相合的人间至德。那么，享有如此盛誉的周德究竟有何内涵旨要，令古今无数仁人志士遐思神往。《群书治要》中有一则"孔子观周"的见闻，或可助我们窥其一斑。

故事是这样的：孔子为鲁大司寇推行改革，受到旧贵族摒抑后与众弟子周游列国。当来到周的都城洛邑时，夫子一行拜谒了周人的宗庙，其中行至周人始祖后稷的庙宇时，众人赫然看到一尊被塑造成"三缄其口"古怪模样的铜人立在庙前右阶之上，背上还刻着大段的铭文，上面写道：

这是古时候的慎言之人，尔等一定要谨记他的教诲！

不要妄作言语，因为多言必定多败；不要妄兴事端，因为多事必将多患。即便现下既乐且安，也要谨记他的教诲，避免做出让自己后悔的事情。

切勿以为言语只是日间小事，没什么大不了，如果不善加涵养，它的祸患既长且大；切勿以为自己的言语机敏巧妙、掩饰深藏，神明的谛听无所不在、不容欺肆。试想，焰焰的火苗不灭，就会蔓延成炎炎的火海；涓涓的细流不壅，将会汇成侵灌的江河；绵绵的丝缕不抉，将会结成困缚人的网罗；毫末的幼苗不扎，待其长成就需要斧柯才能砍伐。

如果真能做到戒慎小心，便是获福的根基；如果以为无所伤害，就是招祸的门径。好勇斗狠者少有善终，好强争胜者必遇宿敌。盗贼天然地憎恨物的原主，民众本能地厌恶凌驾其上的人。达德君子知天下不可傲踞其上，故低下其容；知众人不可逾越其先，故后缓其行。他们温恭慎德，反而受到敬慕尊重；执雌持下，众人反而莫能逾越。即便他人竞相追逐攀援，唯我能遵守此道；即便他人纷纷迷茫眩惑，唯我能坚定不移。如果做到收敛才智，若无若虚，即便我德尊才高，也将免于众人的攻讦伤害。

只要能做到以上这些，要坚信，天道无所亲私，必将眷顾善人。所以一定要谨记这些话！谨记这些话！

这篇铭文于笔者读来是极其震撼的：要知道，先秦时代"国之大事在祀与戎"，宗庙祭祀与兵革征伐并为国家最重大的事情，因而祖先的宗庙乃是国域之内最神圣的所在。这段铭文陈列在周人始祖的庙宇前供后人瞻仰，显然代表了周人先祖留给子孙的至高训诫，理当属于周德最核心的范畴。当我们知晓了连周德这样至高至美的德行所训诫的仍是一个"谦"字，怎能不立即打消心中逞强争胜、飘然自得的执念妄念，去力行谦恭敬让、卑己尊人的"谦德"呢？

太原王氏的家传之秘
——我读《群书治要》之二

文 / 徐薪然

> 世间万物，凡是速成的消亡也快，成就慢的反而能得善终。早晨开花的芳草傍晚便凋谢零落了，松柏的茂盛方经得起隆寒的考验。所以大雅君子恶速成。

上节，我们品读了《群书治要·孔子家语治要》"三缄其口"的故事，其"勿多言，多言多败；无多事，多事多患"，以及"强梁者不得其死，好胜者必遇其敌"的警句，三千年后读来，仍然振聋发聩，使人戒慎猛醒。本节，我们将品读《群书治要·三国志治要》中的"王昶诫子书"，继续参悟敦厚谦恭的深邃智慧。

王昶，东汉末太原郡晋阳县人（今山西太原），官至骠骑将军、司空，位列三公。他的家族在魏晋南北朝四五百年时间里，始终高踞顶级门阀士族行列，与其他六大家族并称"五姓七高门"，而"天下王氏出太原"的美誉则一直流传至今。这样一个累世长保富贵不衰的豪门望族，其生存处世的哲学在王昶写给儿子们的家训中有完美体现，笔者节选数篇浅译如下：

"孝敬仁义是所有德行中最首要的，是每个人的立身之本。人若不能笃守至行，反而背本逐末，沉陷于浮华虚荣之中，热衷于朋比勾结，则一生难以成就。因为浮华虚荣会有虚伪难副的负累，朋比勾结会有彼此牵累的祸患。这两种邪行带来的教训，昭然著明，但世人非但不警醒，反而重蹈覆辙愈甚，都是因为受到一时称誉和眼前利益的诱惑。"

"世间万物，凡是速成的消亡也快，成就慢的反而能得善终。早晨开花的芳草傍晚便凋谢零落了，松柏的茂盛方经得起隆寒的考验。所以大雅君子恶速成，以孔子所言'阙党童子'为戒。春秋时范文子一日之中连着三次在朝堂上表现自己，其父范武子对其严加惩戒，连头上的发簪都给打断了，就是厌恶他抢占风头、掩蔽别人。"

笔者按，"阙党童子"的典故出自《论语》，讲的是一个与孔子同住"阙党"的少年，受长辈所托给夫子传话，他离开后，一旁的人问夫子："这孩子以后能有长进吗？"一般来说，被长辈交托事务的孩子，大抵都是聪明伶俐、优于同侪的。岂料夫子却说："我看见他坐在长辈的位置上、与先生大人并行，他并非真心向学，只是为求速成罢了。"这个少年与长辈同坐并行，是为了表现自己、自抬身价，看似聪明有心计，实则心浮气躁、不识大体，或可得意于一时，长久来看的确难成大器。

与其形成鲜明对比的是颜子的"不违如愚"。《论语》中记载孔子的话："我对颜回讲学，他一整天都没有提出任何异议，好像十分愚钝没有见地。但我仔细考察他私下的言行，却发现他对我所教授的都能有所发扬，可见他一点也不愚钝！"颜子被后世尊为"复圣"，是孔子最得意的弟子，众弟子中孔子唯称赞他为"好学"，子贡赞叹他"闻一而知十"。可为什么他在夫子面前却表现得像个呆子？近世一位大德曾有所谓"一分恭敬得一份利益，十分恭敬得十分利益"的明训，正是颜子的写照：他就是要完全放下自己的知见，对老师做到十足的恭敬，这样才能有最大的收益。

我辈青年若能依王昶之诫，不受浮华虚荣的引诱、急于速成的迷惑，当真做到敦厚笃诚、虚怀若谷，则世间无一人不可以为师，无一物不可以立则，无一事不可以明理，正是夫子"三人行则必有我师焉"之谓也，成就便指日可待了。

赵氏孤儿的道义抉择
——我读《群书治要》之三

文／徐薪然

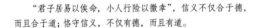

> "君子居易以俟命，小人行险以徼幸"，信义不仅合于德，而且合于道；恪守信义，不仅有德，而且有道。

古人编书用以资政并不止于《资治通鉴》，也不止于《群书治要》。昔苏东坡为翰林学士，亲手编校唐宰相陆贽奏议，以为宋哲宗辅政之资，其在进呈札子（《乞校正陆贽奏议进御札子》）中写道："六经三史、诸子百家，并非没有阅读的价值，其中尽是治国的良策。只是往圣的哲言既幽深高远，后世的解说又支离纷繁，就好像重山高深、大海深邃，以常人有限的精力，实难探究其要旨。"书海浩瀚，真经难觅，古今读书问道者直可同发一呼。而魏征、褚遂良、虞世南、萧德言等初唐名臣，以大宗匠手笔编选出这一部《群书治要》，借东坡之辞誉之，实乃"开卷了然，聚古今之精英，实治乱之龟鉴"——能于古往今来纷繁人事中抓住主线，免除后来者皓首穷经之苦、误入歧途之虞，实在是惠莫大焉，这也正是《群书治要》的价值所在。

这一节，我们要讲一讲《群书治要》为我们精炼出的"赵文子信义为本"的故事，领略古之君子坦荡磊落的气魄胸怀。

🔷 第二次弭兵之盟："楚人衷甲"与"晋人有信"

赵文子是春秋后期晋国人，晋国赵氏的宗主，位至执政正卿（相当于后世的宰相）。在他执政期间，晋、楚两国曾召集天下的诸侯在宋国都城举行了一次规模空前的会盟，以会谈协商的方式中止中原各国绵延数十年的战争，确立以和平为基调的国际秩序，这便是历史上著名的"第二次弭兵之盟"。然而，争取和平的弭兵之会却并不太平，表面上的握手言和下是外交争锋的剑拔弩张。就在盟会正式举行前夕，楚国令尹（与晋国正卿相对）子木（屈建）让己方人员在礼服之下暗着皮甲、携带兵器，阴谋用武力威逼的手段压服晋国谋取天下盟主的名位。此举遭到了楚国太宰伯州犁的坚决反对，他说："我们号召诸侯之师齐聚于此，是为了缔结和平的信约，如果我们自己反而做出这般有悖信义的事，又怎么可以呢？

诸侯希望从楚国得到可信的约定，才纷纷来服，如果我们不讲信义，等于自己丢弃了收服人心的武器啊！"忠言若此，子木却听不进去，他说："晋楚两国互相之间不讲信义已经很久了，所做的一切无非是追求利益罢了，只要能达到目的，哪里用得着遵守信义？"听罢，伯州犁知道再劝也是无益，便即告退，私下里对人说："令尹就快死了，不会超过三年——为了满足私欲而背弃信义，欲望哪里还能达成呢？如果丧失了信义，又怎能活过三年呢？"

再看晋国方面：赵文子提前知悉了子木的谋算，心里非常忧虑，便问计于上大夫叔向。叔向是当时天下闻名的贤者，以正直贤达见称于世，他淡然地说："楚人的小伎俩哪里能伤得了我们？普通人一旦做出不守信义的事，就很难在人群中立足了，更何况在诸侯齐集的盟会上妄行狡诈，是一定不会有好结果的。食言之人无足轻重，您根本用不着为此忧虑。打着信义的旗号召集众人，却用欺诈的手段谋取私利，一定不会有人追随他的，又怎能危害到我们呢？您又有什么好忧惧的呢？"当此千钧一发之际，事关一国之荣辱、一身之生死，却能笃于大义沉着坚定如是，叔向不愧是胸襟浩然的君子。赵文子最终听从了他的建议，以礼出席会盟。

会盟上，晋楚争先，楚人倚仗武力步步进逼，赵文子则听从叔向的建议主动退让，楚人终于抢到首先歃血的位次。然而，史官却尊崇晋国的信义，在史书上将其列于首位。其实，此次弭兵之会，晋楚两国实力匹敌，平分霸权早在预料之中，"盟主"只是一个虚名。然而，子木却真如伯州犁所预料的那样付出了沉重的代价——他于第二年横死于国内的权力倾轧。这正应了孔子的那句话——"君子居易以俟命，小人行险以徼幸"：有德有智的大人君子，遵道而行，不无端妄作，从容不迫地等待作为的时机，安然成就大业；而无德无知的浅陋小人，不知敬畏天命大道，盲动妄为，常为眼前小利心怀侥幸、铤而走险，反害了卿卿性命。如此观之，则信义不仅合于德，而且合于道；恪守信义，不仅有德，而且有道。

虢之会："楚又行僭"与文子"信以为本"

到这里故事只讲了一半：四年后，晋楚两国又召集诸侯在虢地会盟，史称"虢之会"，作为"第二次弭兵之盟"的延续。此时，晋国方面的头面人物仍然是赵文子，而楚国方面早已物是人非。会盟前，晋国的中军尉祁午特地提醒文子："上次盟会，楚人先于我们歃血，占了便宜。虽然现在子木已死，但听说新任的令尹更加没有信义，天下诸侯都有所耳闻。如果这次您不早做安排，恐怕楚国人又要骑到我们头上来了，晋国又将蒙受耻辱。"
这时的文子更加睿智成熟，他泰然地说："您说的是事实。
上次盟会，子木有害人之心，而我有爱人之心，所以楚
国才能凌驾于晋国之上。现在，我仍然秉持着这一颗心，
如果楚国再行不信不义之举，还是不能伤害我们分毫。
我赵武将信以为本，遵循道义，就好像农夫耕田，勤恳
地除草培土，默默地耕耘灌溉，即便会有歉收饥馑的年
成，但只要耕耘不辍，必将有丰年之收！"

好一个"譬如农夫，是穮是蓘，虽有饥馑，必有丰
年"。人生在世，坚守善道，正该如此！人生即如耕田，
水旱虫霜时有，丰歉得失无常，然而无论收成如何，勤
勉耕耘始终是农人的天职；同理，遵道而行，恪守信义，
也是为人的本分，正是孔子"人而无信，不知其可也"
之谓。农夫不能因为担心荒灾就放弃劳作；同理，做人
也不能因为贪得恶失就背信弃义。需知，道义于人犹如
空气，须臾不可离。人生在世，行道则天佑之、人怀之，
否则既作了小人也冤枉无所成就。所以，"只问耕耘，不
问收获"，应当是人生勤勉向善的最好指示。再者，人生
如耕田，既系人为，抑亦天时，得之时有，不得之亦时
有，怎可一味贪得恶失，执着于"总是我赢"？所以人生
要有正确的"得失观"，做到既能豪气奋发地赢，也能从
容平静地输，把得失放下再放下，生活会赠予我们意想

不到的喜乐与平和。

赵文子最后说："我听说：'能够坚守信义的人，不会一直屈居人下。'对照来看，我现在做得还很不够。《诗经》上说：'不欺诈不伤害他人的人，很少不成为众人的楷模。'确实是这样！一个能成为众人榜样的人，自然不会一直屈居人下！现在我所担心的是不能全心全意地践行信义之道，相比之下，楚国的那些小动作根本就困扰不了我。"好一派浩然磊落的君子气象，举重若轻直如"谈笑间樯橹灰飞烟灭"！我们往往惊叹于古之君子超凡脱俗的胸襟气概，目之为"天赋异禀""不可思议"。然而，在他们自己看来，这实在是洞悉天理大道之后的"不二"选择。

结语："赵氏孤儿"的道义抉择

其实，赵文子还有一个更加为人熟知的名字，那就是"赵氏孤儿"。晋国赵氏曾煊赫一时：赵武的曾祖赵衰是辅佐晋文公称霸的"五贤"之一，祖父赵盾曾执掌晋国朝政二十年。但在赵武降生时，赵氏却惨遭灭族之祸，所有祭祀、封地、财产、臣民尽作乌有，赵武大难不死，成为赵氏仅存的根苗。后来，受到祖德庇佑（晋君感念赵氏先祖辅佐之功、韩献子感念赵氏提携之恩），赵武恢复了家族的爵位和封地，后来又成为执政正卿，赵氏才重新崛起，直至跻身战国七雄之列。历经如此千古不一二睹之大起落、大悲喜，亲尝如此诡谲不测的人生际遇，赵武非但没有感叹世事难料、富贵无常，反而能够对信义如此笃定，这本身就是非常值得我们深思的。孔子曰："德不孤，必有邻。"令古今无数于浊世逆境中坚守道义之士感叹"吾道不孤"。又云："大德必得其位，必得其禄，必得其名，必得其寿。"信念若此，必受其命，吾属其勉之！

命由我做，福自己求
——我读《了凡四训》之一

> 古人云"命由我作，福自己求"，其实是在告诉世人，命运并非由上天决定，而是人们自己造作出来。

　　《了凡四训》是明人袁黄（号了凡）为训诫子孙所作的四篇家训。作者将一生际遇感悟尽行阐述，叙事信实，论理精深，堪称近世中国不可多得的人生智慧宝典。晚清民国时代，民间教育曾有"一书一训"之说，指的便是《曾国藩家书》与《了凡四训》，足见该书当时的声誉是何等隆盛。

　　首篇"立命之学"记述了作者本人由"屈从宿命"到"改变命运"的七十载人生旅程，义理发人深省，堪为醒世良箴。

🌀 宿命弄人

袁了凡幼年失怙，少年时与母亲相依为命，因家计艰难，中途放弃举业学医。这样一直到十六岁，那一年，他遇到了孔先生。这是一位修髯伟貌、飘飘若仙的老者，自称能预知人事未来。了凡母子与他相处经年，亲眼目睹了诸多神算，渐渐开始相信他。孔先生告诉了凡，他命中注定就是仕路中人，要他重拾举业参加科考。此后每次考试，孔先生都会为他预先卜算名次，而且每次都分毫不差。后来又为他卜算终身运势，结果却颇叫人心凉：了凡这一生，功名不过贡生，仕途不过县令，寿数甫过五十，终生不得子嗣。从那以后，了凡人生的每一步，都与孔先生当初所预料的分毫无差。就这样，整整过了十九年的光阴，了凡痛苦地认识到，自己不过是命运手中操纵的木偶，所能做的唯有向命运俯首称臣，人生再无"希望"二字。

读至此地，您或许会问：了凡所说的是真的吗？命运果真存在吗？这不是迷信吗？笔者以为，该书原本是父亲写给儿子的家训，必然发自为父者深挚的舐犊之情，理当最少矫饰隐匿、最无诳骗误导之理。何况饱经世事如曾国藩，能将其列为子侄必读的第一本人生智慧之书，想必其中必有以过人者。若我们留心观察日常周遭人事，关于"命运"的探讨，其实从未停歇过。例如，"性格决定命运""三岁看老""龙生龙凤生凤""富不过三代"等诸多命题，都可以从现代心理学、教育学、社会学、统计学等方法中获得印证。而这些通过对人事的"规律性"把握获得的具有"预见性"的判断，其内里都蕴含着"命运"的属性。

命由我作

　　了凡继续写道，三十五岁那年，他失落地辞别北京，前往南京国子监。就在这里的栖霞山上，他见到了云谷禅师，从此对命运的见识又一次发生了转变。在长达三昼夜不瞑目的对禅后，了凡向禅师诉说了自己十九年来被宿命所拘、不得转动分毫的绝望心境。禅师见他活得糊涂冤枉，遂向他点破命运的真相。他说，古人云"命由我作，福自己求"，其实是在告诉世人，命运并非由上天决定，而是人们自己造作出来。了凡不解：道德仁义存乎内心，或许可以求得；功名富贵乃身外之物，怎可说想求就求得到呢？禅师便让他反思自己不登科第及不生子的根由。了凡思索良久，果然悟到一切皆是由自己"失德"所致——他自私冷漠，鲜有积功累德的善行；他缺乏坚韧的精神，不能忍耐烦剧的事务；他心量狭小急躁易怒，难以容人，不能体恤他人；他口无遮拦，喜好谈论他人是非短长；他嗜酒熬夜，不知保养精神……如此种种，原来是他自己种下了苦果自己来尝。

其实，现代心理学中即有"致癌性格"以及"思想决定命运"的理论；青年毛泽东曾作《心之力》一文，也有"心为万力之本"的明言；回到上古经典，《易经》云："厚德载物""积善之家必有余庆""德不积不足以成名"，都是阐述内心力量可以外化为外在际遇的明训。因此，孟子说"行有不得反求诸己"，指明人生努力的方向不在于外，而在每个人的内心。是故佛家云："境随心转""相由心生"，则人生际遇实由念头变现明矣。

了凡十九年来饱受宿命摆布摧折，想尽办法挣脱牢笼却始终不得转动分毫，此时经高人点醒知晓命运的真相，当即决心将过去种种过恶秉性尽数摒除，终日力行善事积功累德，谁知命运竟马上有了转变——他在第二年考中举人，又在四十八岁得子，五十三岁中进士，相继作了宝坻知县、兵部主事，并一直活到七十四岁才寿终正寝。据孔先生的卜算，这些原本都是他命里所无的。可见，通过改变自己真的可以改造命运！

去恶迁善，立命之先
——我读《了凡四训》之二

文/徐薪然

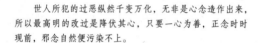

> 世人所犯的过恶纵然千变万化，无非是心念造作出来，所以最高明的改过是降伏其心，只要一心为善，正念时时现前，邪念自然便污染不上。

上一节，我们了解到：人生是有命运的，但若方法得当，命运又是可以改变的，此中的关键便是人的内在德行，了凡三十五岁前后人生际遇的变化便是明证。本期中，我们将品读《了凡四训》的第二篇"改过之法"，深入了解转变命运的要诀——改过。

论及改过的重要性，了凡以史为据，他说："春秋时代有许多贤明的卿大夫，他们只通过一个人的言行便可预知他的吉凶祸福，这样的事例很多，在《左传》《国语》等史书中都有记载。"此处，笔者谨在《左传》中略举三例：

其一：公元前 576 年，晋国的韩献子（韩厥）见郤氏（晋国权卿，其时三郤同朝为卿，其势甚大。故时人有"其富半公室，其家半三军"之说。）骄狂凌人，断言郤氏眼前虽然气焰熏天、不可一世，但已离灭族之祸不远，不能长远。果然在两年之后，三郤同日陈尸朝堂，族属尽绝。

其二：公元前 546 年，晋楚召集天下诸侯会盟于宋，是为第二次弭兵之会。盟会前，楚令尹子木（屈建）令楚人"衷甲"（在袍服之下暗着铠甲、携带兵刃），计划在盟会上以武力压服晋国，图谋盟主名位。楚太宰伯州犁见屈建计议卑劣，面谏不得，出乃语人曰："令尹将死，不及三年。"后二年，一时得意的屈建果然在国内政争中横死。

其三：公元前 544 年，吴公子季札（世称延陵季子，吴王夫差叔祖，与孔子同时而长，以"南季北孔"并称）出使晋国，在与掌握晋国实权的六卿将军相继谋面后，即预言："晋国之政卒归于韩、魏、赵矣。"然而，其时晋国诸卿，韩、魏、赵不为最强，距三家灭智氏尚近百年。

以上事迹皆史有明征，既见其人远见卓识，又知人事际遇看似纷杂难判，却分明有端绪可查，而德行便是此中主线。正如了凡所云："福之将至，观其善而必先知之矣；祸之将至，观其不善而必先知之矣。"因此，想要"获福而远祸"，首先就要痛下决心改过，即把心中"不干净"的、"邪妄"的东西尽数剔除。而且需要注意的是，若要改变命运，改过犹在行善之前。因为只有把造恶漏福的窟窿堵上，所积之福方得以蓄存得住。

然则如何改过？首先，需要具备三种发心：

第一要发"耻心"，即羞耻之心，做了错事会心生愧疚、不好意思。正如孟子说："耻之于人大矣"；曾国藩说："人才高下，视其旨趣。卑者安流俗庸陋之规，而日趋污下；高者慕往哲盛隆之轨，而日即高明"。一语道出人品高下，全在旨趣耻格，耻心确为超拔人生的第一要义。

第二要发"畏心"，即敬畏之心。世人作恶大都抱有侥幸之心：谓人不知则傲然无愧，谓人不能制乃敢横行无忌。倘若人们真的了解到人生命运的真相，知晓了善恶因果毫厘不爽的规律，就会心存敬畏不敢恣肆胡来了。因为，不论行善或是作恶，无非"自为因果"，怎能不慎重呢？

第三要发"勇心"，即勇猛之心。世人都知道自己的错处，却总是放任不改，大多是因循畏难。人们总是说：毛病太多（了凡所谓"过恶猬集"），无从下手，改不胜改；习气养成非一朝一夕，根深蒂固，改之形同割肉，痛苦不堪。这时即需发勇猛心，如孔子所言"见不善如探汤"，与习气绝然做了断。

了凡又说改过有三个层次：

一为从事上改，遇一事改一事。比如现在的孩子言行要符合学生守则，清代的孩童要遵循《弟子规》，什么事该做，什么事不该做，一条条遵照而行。这样做的好处是清楚明白、有章可循，适合初学者；缺点是难从内心根本处转变，即了凡所谓"强制于外，其难百倍，且病根终在，东灭西生"，非究竟根本之道。

提升一个层次，便是从理上改。了凡用自己喜欢发怒为例，层层递进，讲了一套很深的道理，堪称古今对治善怒习气的不易之论。他说："人有过失，其实正需要我们同情关怀"，此处与今人所谓"可恨之人必有可怜之处"相合，是恕道的体现；再者，"别人做了违理之事，与我有什么干系？"这是明白了每个人都在自为因果的事理真相；而且，"真正的豪杰人物没有自以为是的，真正通达的学问没有教人指责他人的，所以生气是肯定不对的。如果行有不得，一定要反求自己身上的问题，正是我们反省提升的良机。如此，则毁谤之来，皆磨炼玉成之地，我将欢然受赐，何怒之有？"

最高的层次，是从心上改："世人所犯的过恶纵然千变万化，无非是心念造作出来，所以最高明的改过是降伏其心，只要一心为善，正念时时现前，邪念自然便污染不上。"

以上便是了凡所述"改过之法"，道渊言略，有不当处敬请方家指正。

积善成德，自求多福
——我读《了凡四训》之三

文/徐薪然

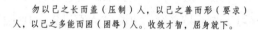

　　勿以己之长而盖（压制）人，以己之善而形（要求）人，以己之多能而困（困辱）人。收敛才智，屈身就下。

　　通过前面的品读，我们了解到改造命运的力量就深藏于自己的内心之中。所谓"境随心转"，当心念转变时，我们对周遭人事物的看法也就随之发生变化，身处的境遇也就随之转变。本节我们将品读《了凡四训》的第三篇"积善之方"，深入学习积善修德的方法。

积善之家必有余庆

　　此句出自《易经》，是说行善积德的人家子孙必定兴旺发达。《易经》历来被尊为"群经之首""大道之源"，其中蕴含着宇宙人生极深邃的哲理，自然不会拿冠冕堂皇的空话糊弄世人，可知世事的确如此了。了凡于此处即列举了杨自惩"义吏施粥"、谢都事"止枉杀活万人"等十则祖先行善而子孙荣显的例证，笔者姑举其中一例：

杨少师"江上仁叟"

杨少师名荣，"少师"是他的官职，在明朝是从一品的大官，可见他是极尽荣华显达了。杨荣的祖上原是江上摆渡的船夫，有一年洪水泛滥冲毁沿岸民居无数，溺水罹难者顺流而下不计其数。目睹如此人间惨祸，其他的船夫却纷纷见死不救，只顾争相捞取漂流在水中的财物，唯独杨荣的曾祖及祖父视钱财如无物，一心一意营救落难灾民。乡人嗤笑他们愚痴，不趁机发笔横财，反而去费力救那些早已流离失所的人，但杨家父子并不为其所动，惟救人而已。我们看，能于浊世之中恪守道义仁心，杨荣祖先的仁义之心着实方正，令人感动。正所谓"积善之家必有余庆"，到杨荣父亲这一辈，他们的家境已经有了很大的起色；再到杨荣这一辈，他二十岁便高中进士，以后更是位至三公，不仅祖先得到朝廷追封，子孙也贵盛绵延，一直到了凡的时代仍然荣名不衰、人才辈出。

祖先广积阴德荫庇子孙

读至此地，大家不禁要问：杨少师荣华显达与祖先积德行善果真有关联吗？这里我们再看一则近人的例证。提到传家，世人大都以为要给子孙多留钱财，殊不知古人有"贤而多财则损其志，愚而多财益增其过"的明训。那些"富不过三代"之家，当初哪一个不是把钱财抓得紧紧的，到头来还不是枉然。所以说钱财是靠不住的，这在旧上海总商会首任会长、曾国藩先生的外孙聂云台先生所撰的《保富法》中早有详论。若要子孙发达绵延，祖先能够留下的最宝贵财富无非"仁德"二字。正如云谷禅师所说："有百世之德者定有百世子孙保之；有十世之德者定有十世子孙保之；有三世二世之德者定有三世二世子孙保之；其斩焉无后者，德至薄矣。"《资治通鉴》的开篇，便是春秋战国之际，晋国智氏立"五贤凌人而甚不仁"之子为嗣终致灭族、晋国赵氏择恭谨幼子为嗣倾覆之际转危为安的旧事，智赵两家命途悬判的根源就在于对嗣君德行的取舍上。回观杨荣祖上，不仅存心仁厚，且能于浊世坚守本志，子孙自然忠质耿介、仁厚良善，日后发达便在情理之中，并非不可解释。

🏵 善的辨析

"人不学不知道"

既然明白了积善的好处，自当发奋向善，首要的是明辨善恶。倘若一个人善恶颠倒混淆，自以为在努力行善，实则越走越偏，既枉费心思也迟误光阴。对此，孔子曾有"六言六弊"的辨析，他说：仁爱、智谋、诚信、直率、勇敢、刚强是六种美好的品质，值得人们追求；但若不善加涵养砥砺，也极有可能滑向愚蠢、游荡、伤害、尖刻、作乱、狂悖的反面。可见，提升智慧以明辨善恶实在是积善的首要之务。此处，了凡将善做了"真假"、"阴阳""半满"等八对关系的辨析，见解精深，足以发慧，笔者姑举其中中峰和尚论善真假一条。

中峰和尚对辩难

中峰和尚是元朝一代高僧，深受前后数位元帝礼敬，位至国师。有一次，几个儒生向他请教辩难："为什么有的人行善但子孙不兴，有的人做恶却家门隆盛，经典上说的'积善之家必有余庆'岂非无稽之谈！"中峰答曰："世人执于偏见、未开正眼，其实并不懂得如何区分善恶，因而往往认善为恶、指恶为善，明明自己是非颠倒，反去质疑大道经典，实在荒谬得紧。"于是诸生便问如何分辨善恶真假，中峰答："善恶真假不能仅就外表言行而论，打人骂人未必是恶，敬人礼人也未必是善，根本要看存心——若是纯为他人着想，即便言行上打人骂人，也是真善；倘若念念只为自己盘算，即便外表对人礼敬有加，也是伪善。"这一席话当真是把善恶真假的道理说透彻了——善恶的分别乃至于命运的沉浮原本都存乎我们的一念之间。因此，我们就必须时刻警惕"意恶"。倘若一个人的意念恶，即便言行上掩饰得再好，没有把恶念付诸实践，他也是在作恶，也会减损自己的福气。

人该怎样获致幸福

世人劝善，仿佛天经地义、不言自明；然观诸人事，人生尽欢犹有不逮，何必劳心苦志难为自己？因此，社会上普遍充斥着"做好人难""好人辛苦"这样的浩叹。笔者以为，向善不仅是一种道德诉求，更是一种源于智慧的选择，其中关节便在于"推己及人"。当下，诸如"数着钱想自杀""穷得只剩下钱"之类的人生荒诞剧随处可见，大众因此醒悟：幸福不是外在的标杆，而是内心的体验；幸福是一种关乎安稳、温暖、信赖、喜乐的主观感受。那么，这些感受要如何获得呢？孔子曰"己所不欲，勿施于人"，孟子云"出乎尔者，反乎尔者也"，佛说"爱出者爱返，福往者福来"，都在明白告诉世人：你怎样待别人，别人就怎样对你。所以，若想获得幸福，便要首先付出忠贞、慈和、诚信、热忱，也就是做好人、行善事了。这笔账算下来，向善其实一点也不冤，实在是获得幸福最根本的正道。

🏵 十类善行

最后，了凡具体罗列了"与人为善""爱敬存心""成人之美"等十类善行，笔者此处只举其中虞舜"与人为善"的例子。

今人听闻尧舜禹汤这些上古圣王的事迹，皆以为年代久远无考，尽斥为无稽。可是退一万步讲，纵使其事非其人所为，乃后人附会，然终以其行高亮超世被罗致圣人名下，其中必有足堪世人效法者，如果因噎废食，也未免太可惜了。

故事是这样的：大舜在一条名叫雷泽的水边居住时，看见青壮渔民争相于水族丰饶处打渔，而老弱者只能避于急流浅滩中讨点营生，心生哀怜，甘愿与老弱者同处谋食。他见到争抢利益的人，便隐匿他的过错不加宣扬贬斥；见到谦让慈善的人，就马上褒扬效法。他这样做了一年，那里的人们风貌为之一变，不再你争我抢，纷纷以深潭厚泽水族丰美之处相让。

于是了凡说：像大舜这样的明哲，其言语足以教化众人，却甘愿耗费心力用身教感化，这其中是有一番良苦用心的。因为世人看到别人的毛病很容易，且不说扬人过恶容易招人怨恨，即使把别人的坏处记在心里，也极易产生自是非他、高己卑人的念头，郁积满腔怨愤不平之气，实在误人误己。像大舜这样，亲身示范而不轻言人非，既释人指责之疑，更在于通过正己之行以端正己心，心气平和方能与人为善。所以了凡先生说：切勿"以己之长而盖（压制）人，以己之善而形（要求）人，以己之多能而困（困辱）人。收敛才智，屈身就下。见人有过失，就要宽容帮衬他，让他一方面有回改的余地，一方面有所顾忌不敢放纵；见人有小的长处可取、小的善行可录，就要马上放下自己的成见与他同行善事。"这恐怕便是老子"上善若水"的至德吧。

积善的方法千千万万，而谦德是其中最简捷的门径，下节我们就一起来领略古人关于谦德的训诫。

惟谦受福，谦之于人大矣
——我读《了凡四训》之四

文/徐薪然

> 当一个人懂得了谦退处下的道理时，也就舍去了争贪竞求的狭隘、自以为是的固执、自我矫饰的浮躁，同时具备了抑己尊人的谦和、虚怀若谷的敏慧、心如止水的沉静。

　　《了凡四训》的最后一篇是"谦德之效"，作者袁了凡列举了丁敬宇"惟谦受福"、冯开之"虚己敛容"、夏建所"谦光逼人"、张畏岩"折节自持"等身边友人力行谦德而获得功名的实例，阐释了谦德对于人生成就的神奇效验。这些故事每一则都是折节谦恭的典范，值得今人效法，读者可以找来原文品读。本文，笔者于史籍中另外摘选谦德故事两则，作为了凡先生训诫的佐证。

🔆 范文子对秦客

　　春秋时期，晋国范氏盛极一时，其家有范武子、范文子父子二人，先后在朝中身居高位。这一天，范文子退朝回家晚了些，武子便问他缘故，文子答："今日朝堂之上来了一位秦国的使者，出了几道隐语题让列位卿士解，可没有一个答得出，只有我一连解对了三道！"言语中尽是得意之色。我们想，若是寻常人家有子机敏聪慧如此，作父亲的恐怕早已赞赏有加了。但这位范老爹绝非等闲之辈，他曾是晋国的正卿（相当于宰相），见识超人。在听完儿子的显耀后，他不喜反怒，生气地对儿子说："其他的人哪里是解不出来，他们是在互相谦让，你一个晚生后辈怎能在朝堂之上连着三次抢占风头、遮盖别人？倘若哪天我不在了，恐怕晋国的霸业就要毁在你们这般不肖子孙的手里了！"说罢，举起手中的拐杖对着儿子就是一通痛打，直打得范文子头上的发簪都折断了方才罢手。

　　了凡说：圣贤人的是非取舍往往与世俗相反，此处范武子的举动可作一例。他并不惑于眼前虚名小利而属意乎长远，能于儿子的一时得意骄狂中察觉家国未来的成败，可谓洞烛机微。而我辈佼佼如范文子者，读罢此文，直如自己也亲尝当头棒喝一般，出风头、争名位的心也该放下些了吧。了凡说："名，亦福也。名者，造物所忌，世之享盛名而实不副者，多有奇祸。"便是教导世人对于逐名一节千万要慎之又慎。

🏵 王昶《诫子书》

王昶的《诫子书》，我们在前面分享《群书治要》时提到过，他在论及谦德的部分中写道：

"富贵声名，人情所乐，但有时候有德君子即便得到也舍弃不要，这是为什么？是厌恶其不由正道而得的缘故啊。知进而不知退、知欲而不知足，是世人的常态，这一定会招致困顿受辱的牵累、悔恨不及的过错。纵览往事的成败、洞察未来的吉凶，没有谁能够一味邀名逐利、贪得无厌而能保世持家、永全福禄的。"

"寻常人做了一点好事很少有不自我夸耀的，有了一点能耐很少有不自我骄矜的。自我夸耀必定要抢走他人风头、遮盖他人才能，自我骄矜必然自以为是、盛气凌他。遮盖别人的人别人也必看不得他好，凌辱别人的人终究也会遇到人来凌逼他。所以，有德君子不愿称显自己，并非刻意谦让，而是不想因为遮掩别人招来记恨和祸患。其实很多事情，如果坚持以屈为伸、以让为得、以弱为强，即便没有刻意的强势，也是可以办成的。"

《大学》有云："言悖而出者，亦悖而入；货悖而入者，亦悖而出。"是说当一个人言语不正当时，得到的回复也是不正当的；当财富不是由正道获得时，早晚也会由旁门左道失去。所以，有德君子不通过自我夸耀的方式

　　获得声名，是因为他们认识到这样做会给未来埋下隐患，哪里还会被眼前这一点虚名小利迷惑呢？

　　谦德，一言以蔽之，就是虚己尊人。当一个人懂得了谦退处下的道理时，也就舍去了争贪竞求的狭隘、自以为是的固执、自我矫饰的浮躁，同时具备了抑己尊人的谦和、虚怀若谷的敏慧、心如止水的沉静，将如何不受益，又如何会有过失呢？由此观之，《尚书》所谓"满招损，谦受益"、了凡所云"谦之一卦六爻皆吉"，都是千古不易的至理。故曰：谦之于人亦大矣。

聚光灯下孔子的圣行与凡心
——圣人的日常（一）

文/刘海鹏

> 越了解孔子，就越会发现他并非一个360度无死角的完美塑像，而是一个有温度、有性格，时而温文尔雅、时而风趣顽皮、时而自信爆棚、时而否定自己的鲜活的翩翩君子。

这是一个悖论，世间无人生来就是圣贤，又人人皆可为尧舜；这又是一个真理，你选择走什么样的路，你就会成为什么样的人。当胸中吐纳济世情怀——时时处处，圣人之躯便会挺拔生长；当眼底尽是苍生黎民——天天年年，圣人之魂便会绵亘千年。

可是，圣人终归有颗凡心，不是蒙娜丽莎的微笑，完美无瑕；不是菩提树下的佛陀，不悲不喜。圣人，正因有了爱憎、好恶、亲疏、忧乐，才有了立体丰满的人格。过尽千帆，我们常常发现，思想上的巨人也许正是生活中的顽童，站在精神制高点上的他们，却总饱有一颗赤子之心，爱其所爱，恶其所恶。滚滚长江流逝，潮落潮起刷新多少圣人的面孔，这其中，孔子无疑是一面屹立不倒的旗帜，一个历久弥新的精神符号。

　　翻看记录孔子言行的那些句段，字里行间我们总能捕捉到圣人日常的一颦一笑，似乎跨越千年，他就在我们身边，甚至我们都能够聆听到他的呼吸，感受到他的心跳。

🏮 言语间的潜台词

　　言有尽意无穷，恐怕是孔子师生之间对话的最大魅力，你来我往之后的言外之意更是让我们思虑不尽。孔子尚礼，礼是他的行为底线，更是他的识人标准。《论语》的《八佾》篇中有这样一段记录："子谓《韶》，尽美矣，又尽善也。谓《武》，尽美矣，未尽善也。"孔子讲到韶乐，认为美极了也好极了；讲到武乐，则认为虽然美极了，但还是不够好。

　　同样优美的音乐，缘何在孔子心里却优劣分明呢？这就必须要谈一谈两段音乐的出处。韶乐是舜帝时流行的乐曲，舜的天子之位是由尧帝禅让而来，也就是依礼而至，因此孔子认为这种行为是尽善的；而武乐是周武王时期流行的乐曲，周武王的天子之位是讨伐商纣而来，虽然是正义之战，但按孔子之意，则有违礼之嫌，由此孔子认为武乐虽然尽美但不尽善。

在《论语》的《公冶长》篇中有一句孔子对伯夷、叔齐的褒扬："伯夷、叔齐不念旧恶，怨是用希。"这句话表面是称赞伯夷、叔齐宅心仁厚，其实还有另外一层含义，在司马迁的《史记》中有一段生动记载：当年伯夷和叔齐兄弟二人互相谦让君位而双双远走他乡，听说西伯侯姬昌敬天爱人，于是就去投奔姬昌，可不曾想二人赶到时，西伯侯已经去世，他的儿子也就是后来的周武王姬发正带着父亲的灵柩讨伐商纣。伯夷和叔齐见此情景非常悲愤，跪在姬发的马前冒死进谏："父死不葬，爰及干戈，可谓孝乎？以臣弑君，可谓仁乎？"意思是父亲尸骨未寒就大动干戈，这能算是孝吗？以大臣的身份去征讨君王，这能算是仁吗？后来武王伐纣成功建立西周，伯夷和叔齐以此为耻，坚决不吃周朝的粮食，最后饿死在首阳山。

把这两个片段串联在一起，我们不难看出，尚礼的孔子是抵制以暴制暴的，这也正体现了他终身推崇的仁爱思想，希冀天下归仁。这种类似的潜台词在《论语》中随处可见，当我们将一片片闪光的碎片串联起来，就变成了一条璀璨的"珍珠"链，时移世易，光芒永恒。

🔵 眉宇处的微表情

孔子的喜怒哀乐在与弟子的促膝谈话间表露无遗。

当弟子与他达到思想上的共鸣时，孔子就会由衷地欣喜。某天孔子与子路、曾皙、冉有、公西华围坐闲聊，孔子问四个学生各自的人生志向，当曾皙讲到他的人生志向就是"莫春者，春服既成，冠者五六人，童子六七人，浴乎沂，风乎舞雩，咏而归"时，孔子毫不吝啬地用"吾与点也（我赞同曾皙的话）"来表达对曾皙的赏识，因为曾皙所讲到的理想正是孔子向往并不断践行的礼乐治国。

当弟子的日常表现背离了孔子的教学初衷时，孔子就会严厉地斥责。孔子对学生的要求十分严格，除了需要一日三省吾身之外，更是要日日精进、不得懈怠。孔门十哲之一的宰予被孔子评价为非常擅长言辞，但表扬归表扬，不努力的时候孔子也会毫不留情地给予批评。宰予昼寝，孔子愤然呵斥道"朽木不可雕也，粪土之墙不可圬也"，将严厉进行到底。

当白发人送黑发人时，孔子毫不回避内心的哀恸。颜回英年早逝，孔子仰天长叹两声"天丧予"，彼时孔子内心的痛苦我们感同身受，一痛失去最心爱的弟子，二痛失去了最得意的传人，第一叹孔子似乎在说老天是要取了我的性命，第二叹孔子似乎在说老天是要断了我的思想。这种大哀也许就叫做肝肠寸断吧。

当性命攸关之际，孔子仍能够乐观地处变不惊。《孔子家语》里有这样一段记载，孔子与众弟子受难于陈蔡之间，绝粮七日，危在旦夕，孔子也觉得此番遭遇凶多吉少，于是把最欣赏的三个弟子子路、子贡和颜回逐一叫到膝前，问了他们一个相同的问题："吾道非乎，奚为至于此？"子路和子贡均未能给出让老师满意的答案。轮到颜回，他掷地有声地说出了自己的想法："夫子之道至大，天下莫能容。虽然，夫子推而行之。世不我用，有国者之丑也，夫子何病焉？不容，然后见君子。"一句"不容，然后见君子"让孔子瞬间眉头舒展，自信从容的微笑再次挂在圣人的脸上，危急时刻他竟然开起了弟子的玩笑，"颜回啊，等有一天你发达了，我来给你打工"，"行到水穷处，坐看云起时"，恐怕形容的就是这种境界吧。

🏵 处世中的真性情

做学问时的全情投入。孔子曾自我评价道"发愤忘食，乐以忘忧，不知老之将至""十室之邑，必有忠信如丘者焉，不如丘之好学也"，做到了活到老学到老，"加我数年，五十以学《易》，可以无大过矣"，五十岁以后开始孜孜不倦地研究《周易》，这种对于治学的执着是值得我们后人深思的。

失意时的云淡风轻。周游列国十四载无功而返，如果是普通人恐怕早就意志消沉了，但孔子没有，他慨叹道"道不行，乘桴浮于海"，推行的人间正道不被接纳，那么我就驾一叶扁舟到茫茫大海上去遨游。失意了也没有钻到人生的死胡同，而是到广阔的大海上接受风吹雨打，这种开阔的境界古今又有几人能够企及？

被误解时的不卑不亢。当有人问孔子是否应该"以德报怨"，孔子给出了干净利落的答案："何以报德？以直报怨，以德报德。"这就是圣人的道德底线，彼此之间出现矛盾的时候，退让是必须的，但退让也是有分寸的。前几天某位著名主持大咖表达了自己的做人原则，"人不犯我，我不犯人；人若犯我，礼让三分；人再犯我，斩草除根"，言语虽然有些极端，但倒颇有些孔子的风范。

曲高和寡时的执着坚守。众所周知，孔子一生都在为推行"仁义礼"四处奔走，即便时时碰壁也不忘初心。在《论语》当中，他表扬过很多弟子的优秀品格，如孝悌、忠信、至诚等等，但鲜有用"仁"这个字来肯定弟子的言行。就连他最爱的弟子颜回，被表扬了无数次——"一箪食，一瓢饮，在陋巷，人不堪其忧，回也不改其乐。贤哉回也""吾见其进也，未见其止也"——但也只能做到"其心三月不违仁"，足见"仁"在孔子心中至高无上的地位。

管中窥豹，可见一斑。越了解孔子，就越会发现他并非一个360度无死角的完美塑像，而是一个有温度、有性格，时而温文尔雅、时而风趣顽皮、时而自信爆棚、时而否定自我的鲜活的翩翩君子，就像一部经典小说中棱角分明、性格饱满的生动人物。

生活中，我们总是先接纳一个人的言行思想，进而爱上这个人，对于孔子，难道不也是如此吗？

孟子，动荡时代的超级演说家
——圣人的日常（二）

文 / 刘海鹏

> 作为圣人，孟子的雄才大略集中体现在缜密的逻辑思维、排山倒海似的语言风格、唯我独尊的霸气。但正是这样的遗世独立，使得孟子一生愁苦而终穷。

古往今来，大凡事业成功之人，多多少少都是在模仿别人的路上找自己。找不到，沦为山寨，自生自灭；找到了，便搭上了开往春天的地铁，从此云开日现，柳暗花明。因此，天下鲜有第二个孔子，却可以有第一个孟子。

翻开孟子的履历，其周游列国的峥嵘岁月与孔子当年若合一契，同是怀瑾握瑜不被赏识，同是不屈服于逆境坚守信仰，同是晚年潜心向学凝炼思想。不同的是，孔子虽是无冕之王，但其名声始终响彻历史江湖。《史记·孔子世家》中，司马迁用洋洋洒洒万余言记录了孔子的生前身后名。而孟子则不然，不惑之年开启周游列国的旅程，至花甲之时败兴重归故里，不若孔子弟子三千，《史记》中对他的记载也仅寥寥数笔。倘不是朱熹慧眼识珠，从先秦诸多思想大家之中发现了孟子，褒扬了孟子，并将《孟子》一书与《论语》《大学》《中庸》整合为"四书"，全面整理出儒家"仁义礼智信"的核心思想，那么两千多年后的我们，想再领略孟子的道德文章，怕是比登天还难。因此，我们要感谢当年颇有些话语权的朱熹，助推孟子走上圣人之旅。

滔滔雄辩之下的步步为营

孟子素来以能言善辩著称，且不是夸夸其谈，而是字字珠玑。

《孟子·告子上》中记录了一段他与辩论界的宿敌告子之间的一段对话。告子说，湍急的水流，东边有缺口就向东流，西边有缺口就往西流，人的本性就像是水流，无所谓善与不善，就像水无所谓向东流还是向西流一样。孟子迅速予以还击，水确实是不分东西，但是水也不分上下吗？人的本性向善，就像水自然地往低处流，人的本性没有不善良的，就如水没有不往下流的。这就是那段著名的人性之辩，这一辩，成就了后世几乎妇孺皆知的那六字名言：人之初，性本善。

合礼是孟子始终坚守的道德底线，但当有人企图用礼来大做文章以此挑战权威的时候，孟子便会使出一记漂亮的组合拳，打得对方节节败退。

《孟子·告子下》中有这样一段记载，任国人对话孟子的学生屋庐子，礼节和食物哪个重要，屋庐子回答礼节重要。任国人进而追问，娶妻和礼节哪个重要，屋庐子依然回答礼节重要。任国人继续刁难，如果按礼节吃饭人就要饿死，按礼节娶妻就娶不到媳妇，是否还坚持礼节？屋庐子深知被戏弄却无言以对，只得回去请教老师。孟子听罢屋庐子的复述，即刻作出回应，指出对方"不揣其本，而逐其末"，诚然金子重于羽毛，但一衣带钩的金子能重过一车羽毛吗？对方拿吃和娶妻的重要方面来和礼的细节相比，这本就是不具备可比性的。孟子的高明就在于随时掌握交锋的主动权，他让屋庐子这般答复任国人：折断哥哥的手臂后抢夺哥哥的食物，就会有饭吃，不折就得不到吃的，那么会去折断哥哥的手臂吗？搂抱邻居家的处子就可以娶到媳妇，不搂抱就娶不到，那么会去搂抱吗？相信听完这番话，该轮到任国人哑口无言了。

见招拆招，步步为营，古往今来除了孟子，还有几人？

🌀 麻辣毒舌背后的忧国忧民

比起孔子在当权者面前的温文尔雅、不卑不亢，孟子倒是颇有些直言不讳、针锋相对了。《孟子·梁惠王上》记载了一段孟子与齐宣王的对话。身居庙堂之上的齐宣王，看到即将被杀用以祭祀的牛正战栗发抖，即刻命人将牛释放。手下见状询问是否可以废止杀生祭祀，齐宣王断然拒绝，命令以羊易牛。孟子借此劝谏齐宣王，虽饱有一个仁心，但却见牛未见羊。真正的明君圣主应该"老吾老以及人之老，幼吾幼以及人之幼"，当面锣对面鼓地告诫齐宣王"推恩足以保四海，不推恩无以保妻子"，让齐宣王心悦诚服地认同"保民而王，莫能御之也"。可见，为了解救饱受战争之苦的黎民百姓，孟子是敢于与君王分庭抗礼的。

而《孟子·梁惠王上》中孟子与梁襄王的一段对话更显示出孤胆英雄的古道热肠。孟子拜见梁襄王，出门后便愤愤然地说："望之不似人君，就之而不见所畏焉。"言语间无不表现出对这位不谙王道的君主的强烈不满，二人的正面交锋文中没有记载，取而代之的是孟子的事后复述。面对梁襄王提出的天下如何安定的问题，孟子直谏到，统一之后天下才能安定，而不喜好杀人的君王可以统一天下。纵观当时之势，统治者大都杀人如麻。

因此，孟子直抒胸臆，如果能够横空出世一位不嗜杀人的君王，天下老百姓都会"引颈而望之"，结尾处孟子还不忘反问梁襄王："诚如是也，民归之，由水之就下，沛然谁能御之？"此处，当面质问君王的孟先生，倒真有几分师旷面对晋平公出口不逊时以琴撞之的大义凛然。

倘若活在当下，估计孟子也会成为著名的网络大 V，其麻辣犀利、天不怕地不怕的语言风格，必定引来一众拥趸。

🉐 生活细节升华的人生哲学

一花一世界，一水一阳光。圣人生活的世界虽看似与我们无异，但实则却是一片思考生命价值的沃土。孟子极其擅长将生活琐事上升为人生哲学，而此番质量变化，不但不显矫揉造作，反倒更像水到渠成。

《孟子·告子上》中有两段关于"求放心"的记载。孟子言，有的人，自家的鸡犬丢失了都知道迅速去寻找回来，自己的本心丢失了却不知道去寻找；有的人，无名指弯曲了不能伸直，虽于生活无碍，但只要听闻有人能够将其伸直，便不惧山高路远也要求得医治，而本心丢失了却毫不在意。无名指不若常人，尚且知道羞愧，而本心不若人却不知羞耻，这就是所谓的舍本逐末。孟子以小见大，由此得出，真正的做人之道就是"求放心"。

在《孟子·离娄上》中，孟子透过现象看本质，对人的眼睛给予了客观的分析，"存乎人者，莫良于眸子，眸子不能掩其恶。胸中正，则眸子瞭焉；胸中不正，则眸子眊焉"，意思是观察一个人，最好莫过于观察他的眼睛，眼睛无法隐藏一个人的丑恶。心中光明磊落，眼睛就明亮坚定；心中鬼鬼祟祟，眼睛就昏暗不明、躲躲闪闪。这个观点与当今之人常说的"眼睛是心灵的窗户"如出一辙。由此我们足见孟子是一个善于观察生活的有心人，正因为对周遭一切倾注了满腔热忱，才铸就了他为天下归仁而奔走呼告的拳拳赤子之心。

通读《孟子》，我们不难看出，孟子是一位性格极其鲜明的圣贤大家，他品行高尚、刚直不阿、意志顽强、不慕名利。而能言巧辩则是他得天独厚的进攻利器，拥其在手，无往不胜。但我们也常常感慨，一个人最大的优点往往成为牵绊他前进的最大顽疾，归因在于太难突破，平常人如此，圣人亦然。作为圣人，孟子的雄才大略集中体现在缜密的逻辑思维、排山倒海似的语言风格、唯我独尊的霸气。但正是这样的遗世独立，使得孟子一生愁苦而终穷。

近来常见很多人在微博上转载杨绛先生译过的一句话：我和谁都不争，和谁争我都不屑。这种不争、不屑，不是身居高位的孤芳自赏，而是掠过千帆之后的洗尽铅华。孟子则不然，他太爱争、太想赢了，虽为的是天下苍生，但他心中的大同社会毕竟与当时割据兼并、纵横捭阖的历史大环境格格不入。所以，最终他赢了无数人，却败给了自己。很想问问孟子，如果他早些学会孔子晚年的云淡风轻，是不是也能够活得幸福一些。

　　透过犀利的文字与孟子隔空对话，我们看到的是一位为生民立命的不苟言笑的圣人，和他向往的那个充满仁义礼智信的理想世界，在此，我们见自己，见众生，见天地。

庄子，与天地精神独往来的一代宗师

——圣人的日常（三）

文／刘海鹏

> 从生活中物物皆有的影子，到传说中翅膀偌大似云的鹏鸟，无一不是"有所待"，庄子由此进行深入的思考，得出人生的至高境界就是"无所待"。

疾驰于飞速发展的时代，常见人互相勉励：不要走得太快，记得等一等自己的灵魂。置身纷繁芜杂的人世之间，为了生存的本能，为了生活的质量，我们疲于奔命，渐渐淡忘初心，无暇呵护心底固有的至诚和善良，更是丢掉了对天地自然的敬畏和热爱，常常以面具示人。生命旅途中，大多时候我们都缺少直面自己的勇气，而两千多年前的庄子，却以异乎常人的冷静，看清世俗纷纷扰扰，于穷闾陋巷之中，认认真真地做了一回真正的自己。

真实的庄子虽心系苍生又不慕权贵，当乱世遭遇昏君佞臣，庄子便将古道热肠化作静观冷眼，拒绝趋炎附势，宁可做一只曳尾于涂中的乌龟，也要追求形神的自由；真实的庄子既续薪传火又另辟蹊径，当人人向往成为栋梁之才时，他却为那些"大而无用"的树木扬声正名，因"无用"而避免为人砍伐，得以世代存活，自成一道风景，这便是"无用"中的有用；真实的庄子既情深意重又超脱俗尘，患难与共的妻子先他离世，他在爱妻灵前鼓盆而歌，不是不悲伤，而是顿悟了生命的真谛。人，本就是天地之间一缕气息，得以成形，得以凝神，都是自然造化，生于尘土，归于尘土，自始至终都是天地自然的一部分。

是的，爱思索人生道理的庄子，就是在观察山川河流、花草树木、四季流转、人事变迁的平常光阴里，得出"天地与我并生，而万物与我为一"的理性认知。他是名副其实的生活哲学家，更是与天地精神独往来的一代宗师。

化"无聊"为"有道"

《庄子》一书中，最常见的就是庄子递进式的诘问，针对的大多是一些看似无聊的琐事或者最不起眼的生活细节，提问的过程往往不依不饶，实则是为了追本溯源，探究事物的本质和发展规律。

《庄子·齐物论》中记录了一段罔两（即影子的影子）与影子的对话，罔两质疑影子"无特操"，就是不具备独立的操守。影子回答之所以没有独立的意志，是因为"有所待"，而它所依附的东西"又有待"，就像蛇依附于腹下的鳞皮、蝉依赖于翅膀。庄子的回答于此处戛然而止，却让每一个读到这里的观者静而深思。

生活于群居社会，我们做人成事不可避免地要依附于他人，所谓"有所待"。这种"有所待"往往会压制我们内心对自由的渴望，让我们无数次地在情非得已的漩涡里挣扎。不久前网络上一封辞职信悄然走红：世界那么大，我想去看看。这短短的两行字被无数次转载，更被改编成各种各样应时应景的版本。之所以引起如此强烈的反响，其根源就在于作者冲破现实桎梏的果敢和对未知生活的向往，道出了太多人的心声。但是，不用调查我们也知道，真正像当事人那样放下眼前所有寻找新生活的人恐怕寥寥，大家也就是宣泄一下真实的情绪，过过嘴瘾之后，依然一切如常，"晨曦理荒秽，带月荷锄归"。缘何如此？归因就在于"有所待"。生活中的我们，就像是很多人的影子，这其中映射着父母亲人的期盼、学业事业的追求、从头再来的代价，为了保持生活的平衡，怎能中途放弃？怎敢说走就走？

不仅普通物象"有所待"，就连超凡脱俗之物也是如此。《庄子·逍遥游》中描写的大鹏，水击三千里，扶摇直上九万里，就是这样一只硕大无比的神鸟，欲求"绝云气，负青天"，也要凭借风的动力。若无风相助，大鹏想要振动一下翅膀，怕也是很难做到。

从生活中物物皆有的影子，到传说中翅膀偌大似云的鹏鸟，无一不是"有所待"，庄子由此进行深入地思考，得出人生的至高境界就是"无所待"。只有"无所待"，才能"游无穷"，才能升华人生的意义。怎么才能做到"无所待"呢？庄子提出了"无己、无功、无名"的超然思想，也就是破除执念、打碎小我，重组一个可以"乘天地之正，而御六气之辩"的大我。

🈂 吾生也有涯，而知也无涯

人的生命是有限的，对于未知世界的认知却是无穷的。如何以有限的生命应对广阔的世界，庄子告诉我们，要遵循中正自然之路。

《庄子·养生主》中，庄子详尽记录了庖丁解牛的全过程，当庖丁目无全牛，手握快刀在牛的骨缝间穿梭，恢恢乎游刃而有余之时，庄子总结出"依乎天理""因其固然"的朴素道理。讲到此，不免联想到柳宗元笔下那位极会种树的郭橐驼先生，当别人询问他种树的要领时，郭橐驼如是回答：顺木之天，以致其性。虽世殊时异，但两位民间高手的独门技能如出一辙。至此我们也了解到，要想百战不殆，就要知己知彼；要想知己知彼，就要顺应规律。正应了张爱玲所讲：因为相知，所以懂得。

但若想全面了解自己并非易事，俗话说识人易、知己难，就像《了凡四训》中袁了凡被云谷禅师发问是否应中科第、应生子时，也是"追省良久"。而像庄子这样的思想大家，更是从不断认识自己的过程中提升智慧，最终到达圣明的峰巅。

庄子似乎对做梦情有独钟，他也是通过对梦境的思索，开启更高一个层次的哲学思辨。《庄子·齐物论》中，庄子借由两个虚拟人物瞿鹊子和长梧子的对话，探讨人生的不确定性。文中提到梦中饮酒作乐的人，清晨醒来可能会因为突降的祸事而悲伤哭泣；梦中伤心欲绝的人，一觉睡醒可能会高高兴兴地去打猎。当人深处梦境之中时，其实并不知道自己在做梦，甚至有的时候还会在梦境里继续做着另一个梦。进而庄子得出"且有大觉而后知此其大梦也"的理性思考，意思是只有彻底觉醒的圣人才能领悟人生犹如一场大梦的道理。

也正是以此作铺垫，才有了后面著名的"庄周梦蝶"的典故，庄子做梦自己变成了蝴蝶，醒来之后陷入了沉思：到底是梦境中的自己变成了蝴蝶，还是现实中的自己是由蝴蝶所变？这般新奇论述，使得庄子"物我两忘"的人生观愈加成熟。

很多人说中国的哲学思想是"早熟"的，这种"早熟"，在庄子的身上体现得淋漓尽致。当然，我们也要清醒地认识到，"早熟"几乎就意味着"早衰"，这其实正是鞭策我们后世人，站在巨人的肩膀上，不仅是"手可摘星辰"，更要汇聚起耀眼的光芒，让星光永恒灿烂。

🏵 从曲高和寡到广接地气

尽管传承了老子"无为而治"思想的庄子有些超凡脱俗，讲道理的时候也多是依据自己杜撰的奇崛故事，但通读《庄子》，我们依然能够体会到，看似置身尘世之外的庄子，其实是心心惦念着家国百姓的。

《庄子》一书，前半部分所描述的圣贤之人，多半像是仙剑小说中的神仙大侠，能力卓越却不食人间烟火。例如《庄子·大宗师》中描写的"古之真人"，他们睡觉时不做梦，醒来时无烦恼，饮食不在乎味美，呼吸深沉悠长。他们不贪生，不怕死，不悲不喜，来去无牵挂。能够坦然接受自然赋予的生命，更能够了然忘却生死的烦恼而终复归于自然。这样的圣人仁人，身居高处，让人敬仰却很难走近。

而在书中最后一篇《庄子·天下》中，庄子对于圣人和君子给予了具体的概括，这一系列评价圣人和君子的条件，都是与百姓生存息息相关的。他讲到能够以自然为主宰、以德行为根本、以大道为路径、具有高瞻远瞩能力的，就可以称之为圣人；能够以仁爱来对待百姓、以义理来辨别真伪、以礼节来约束言行、以音乐来陶冶性情、充满仁慈和爱的，就可以称之为君子。至此，"内圣外王"的安民大道终由庄子淬炼得出，这一句"内圣外王"，成就了中华文化的核心思想。

"夫天地者，万物之逆旅；光阴者，百代之过客"，谁人也无法阻挡时光前行的脚步。"江山代有才人出，各领风骚数百年"，如今，庄子早已走入历史的幔帐，但令我们欣喜的是，在他身后，我们看到了陶渊明，看到了李太白，看到了曹雪芹。望向未来，定会有更加睿智的后来人，接过历史的接力棒，将光辉的思想传承发扬。

说不定，那个后来人，就是你。

过而不留，空而不著
——浅读《菜根谭》之出世篇

文 / 刘舒阳

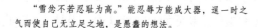

> "雪怨不若忍耻为高。"能忍辱方能成大器，逞一时之
> 气而使自己无立足之地，是愚蠢的想法。

孟子曾说："人有不为也，而后可以有为。"我们就是不断在放弃中前进和生存的。放宽心，知满足，想得开，才能心胸宽广快乐；常常杞人忧天，不知足，放不下，只会时时郁结。洪应明在《菜根谭》中教导我们以入世的态度做事，同时也用相当大的篇幅讲述了以出世的态度做人的道理。

🌀 心无所求，何来忧乎

汉朝的开国元勋韩信权谋过人，同时骁勇善战，屡立大功，被列为替刘邦打天下的功臣之首，因此位及权臣，享受着高官厚禄。但他仍不时露出争地位、争爵位的嘴脸，最终为汉高祖所不容，抓住些把柄，将他投入大牢。韩信在牢中留下了"兔死狗烹，鸟尽弓藏"的感叹。从中不难看出他对曾经无休止地去追求功名利禄的懊恼与悔恨。

古代官场处处布满陷阱和荆棘，也因此留下了"香饵之下必有死鱼"的说法。对此，洪应明在《菜根谭》中劝诫道："我不希求，何忧乎利禄之香饵？我不竞进，何畏乎仕宦之危机？"一个人如果不希冀官场的升迁就自不会去投机钻营，阿谀逢迎，就会无所畏惧，权势也自然拿他无可奈何。因为所谓"陷阱"对于想图功名者来说才是陷阱。

所以南宋抗金名将岳飞说："文官不爱钱，武官不惜死，天下平矣。"权力和金钱不是人生最重要的东西，对于权力和金钱都要抱有适可而止的态度，不要把它作为终极目标。远离世俗的功利，远离物质、金钱和权力的诱惑，保持纯洁的内心，享受精神的自由。能做到这些，人生自有另一种洒脱。

俭者贫有余，拙者逸全真

诸葛亮在《诫子书》中说："夫君子之行，静以修身，俭以养德，非淡泊无以明志，非宁静无以致远。"节俭是中华民族的传统美德，也是一个人品德高尚的表现。节俭是一种高贵的品质，需要终生坚守。

清朝雍正时的云贵总督鄂尔泰，虽然身居高官，但始终生活俭朴，他曾多次告诫自己的家属不可享受奢华，警惕祸从奢起。他的弟弟鄂尔奇后来掌管兵部要职，生活日渐腐化。鄂尔泰得知后，站在庭院中，当着众人的面严厉地训斥弟弟，直到鄂尔奇跪在他的面前，请求宽恕。从那之后，鄂尔奇每当听说哥哥要来，总是要将家中的珍宝收起来才敢相见。虽然一时骗过了哥哥，但鄂尔奇最终还是因为贪赃枉法而被治罪。

在生活中我们应该崇尚俭朴，在做人方面，我们则应该守住一份拙朴。"奢者富而不足，何如俭者贫而有余；能者劳而府怨，何如拙者逸而全真"，正如洪应明所说，做人带一份憨、一份痴。患得患失之人，正是因为太聪明。聪明不外露，才是真正的智者。巧中有拙，拙中有巧，用大智若愚的心态游弋于生活中，既保全了自己，又成全了别人。

🏵 过而不留，空而不著

佛说：相由心生，相随心灭。一切喜怒哀乐全是人心的作用，心境若能像月色倒影水中，空无不着痕迹，那么便可以达到超然的境界。当年惠能大师所作偈云：本来无一物，何处染尘埃。超脱物外，超越自我，正是需要一颗平常心。平常心是一种积极的心态，以平常心观不平常事，则事事平常。

"耳根似飙谷投音，过而不留，则是非俱谢；心境如月池浸色，空而不著，则物我两忘"，这句《菜根谭》中的语句意为：对所听到的事情，都要像大风吹过山谷所发出的声音那样，什么都没有留下，这样就没有是非打扰；对于所想过的事情，要像清潭中月亮的倒影那样无法常驻，这样才能更加超脱。

现在我们所处的浮躁社会中，要想从中获得解脱，就要超越个人的存在，拥有一颗无着的心，所谓无着就是没有烦恼，应无所住。对于事事无着的人来说，他们的内心是"虚空"的，所以大肚能容，所以心无偏袒，所以没有执求。只有这样面对贪嗔痴及诸多烦恼时，我们才能够悠游法界，获得心灵的自由，得到当下的自在。

吃亏忍辱，无穷受用

生活中离不开忍，忍中具有道德与智慧，具有真善美。喜怒不形于色，是自我保护的一种方法。"觉人之诈，不形于言；受人之侮，不动于色。此中有无穷意味，亦有无穷受用。"正如洪应明的观点，在受到人欺骗侮辱时，要审时度势，肯吃眼前亏，才能保全自己。一个人有吃亏忍辱的胸襟，在人生旅途中自然有无穷妙处。

《新唐书·娄师德传》记载，娄师德的弟弟被委任为代州刺史，向师德辞行时，师德告诫他，凡事要忍耐。他弟弟说："人家把唾沫吐到我脸上，我不去计较，只把它擦掉就是了。"师德说："不能擦掉，擦掉它，说明你很计较对方的愤怒，应该让它自己干。"

在《菜根谭》中，洪应明还写道："雪忿不若忍耻为高。"能忍辱方能成大器，逞一时之气而使自己无立足之地，是愚蠢的想法。为人处世学会忍辱，学会吃亏，也是培植福报的一个很好的方式。忍辱求全、韬光养晦是中国人的传统精神，这种"忍"并非无所作为的忍，而是要积蓄力量以图大事。

☯ 隐无荣辱，道无炎凉

《菜根谭》中有云：隐逸林中无荣辱，道义路上无炎凉。"隐逸林中无荣辱"，是说隐居山林的生活，可以避免世间的荣耀和耻辱；"道义路上无炎凉"，是说追求道义的路上，也没有人情的冷暖可言。总之秉持着怎样的内心，正是荣辱的关键。

山林隐居之人自不在乎荣辱，倘若一心追求道义，又何必在乎世态炎凉？这不失为一种博大的智慧。世上的是是非非只不过是镜中花、水中月而已，为何总是让自己偏于执着呢？

很多人都在感叹世态炎凉，其中又有多少与我们的生活真正地相关？那些哀伤里免不了也有自己拉开的序幕，或自己搬起的石头。做人越是挑剔，越算计、虚伪，看到的人性之恶也就越多，经历的炎凉也就越多，即使有一时的得意，但心底的哀伤会如影随形。

都说世态炎凉，有人却说平常。做人越真实，越简单，越纯净，你所看到的人性之善就越多，你所经历的世态炎凉也就会越少，就算时有伤痛后的黯然，但心底的快乐最终也将战胜一切。

🏵 不变操守，不露锋芒

《淮南子·缪言录》中说："古之存己者，乐德而忘贱，故名不动志；乐道而忘贫，故利不动心。名利充天下，不足以概志。"意思是说：古代善于保存自己的人，喜欢德性而忽略下贱的地位，因此功名不能动摇他的意向；欢喜大道而忘记贫困的境况，所以利益不能转移他的心志。名誉和利益充斥天下，却不能撼动他们的心志。

在《菜根谭》中有同样的阐述："淡薄之士，必为浓艳者所疑；检饬之人，多为放肆者所忌。君子处此，故不可少变其操履，亦不可太露其锋芒。"洪应明在这里从正面肯定了人要做一个真君子的原则，但也提出了要很好地保护自己，智慧地应对那些邪恶骄横之人。这并不是说不要坚持原则，而是要更加艺术地处置事情，依靠智慧让恶人们受到惩处。

在现实社会中，既要做到心高气不傲，有效地保护自己，充分地发挥自己的才华，又要战胜盲目自大、盛气凌人的心理和作风。凡事不能张狂、咄咄逼人，且还应当养成谦虚让人的美德。这不仅是有修养的表现，也是生存发展的策略。

纵观一部《菜根谭》，囊括三教真理的结晶和万古不易的教人传世之道，堪称旷古稀世的奇珍宝训。对于人的正心修身，养性育德，有着潜移默化的力量。此书以"菜根"为名，正意谓"人的才智和修养只有经过艰苦磨炼才能获得"。愿我们牢记经典中的要义——咬得菜根，百事可做。

人咬得菜根则百事可做
——浅读《菜根谭》之修身篇

文 / 刘舒阳

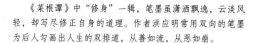

> 《菜根谭》中"修身"一辑，笔墨虽潇洒飘逸，云淡风轻，却写尽修正自身的道理。作者洪应明常用双向的笔墨为后人勾画出人生的双排道，从善如流，从恶如崩。

明朝万历年间中后期，此时恰逢神宗皇帝执政，这位皇帝为人昏庸、治国无道，使当时宦官专权，朝纲废弛，党祸横流。由嘉靖朝开始显露端倪的内忧外患至此更加深重起来。当时的社会思想异常沉闷，为了从十分激烈的社会矛盾中得以解脱，表达时代心声，一批有识之士将所思所想形诸笔墨。《菜根谭》的作者洪应明便是其中的代表人物。

《菜根谭》作为儒家通俗读物，采儒、道、佛三家之精髓，亦骈亦散，文字优美，对仗工整，虽采用语录体，叙述上却不失趣味，似训诫，语气上却不乏亲切。时有雨余山色、夜静钟声点染其间，所言清霏有味，风月无边。同时由于它融处世哲学，生活艺术，审美情趣这些特色于一体，拥有修身、齐家、治国、平天下等大道思想，成为一部使人奋发向上的文学作品。

🌀 秉持操守，宁受寂寞

在中国历史的发展进程中人才辈出，在道德面前，一切美丑、善恶、真假，最后终将大浪淘沙，现出原形。"栖守道德者，寂寞一时；依阿权势者，凄凉万古。达人观物外之物，思身后之身，宁受一时之寂寞，毋取万古之凄凉"，这是《菜根谭》开篇第一句话，可见洪应明很重视道德修养，他认为人的自身修养是人性的试金石。

在洪应明眼中，世人往往分为两类，一类人宁愿寂寞一时，亦要"栖守道德"，不为权贵所动。一如被流放后在江边吟唱的屈原，"举世皆浊我独清，众人皆醉我独醒"，坚持统一楚国的理想不为腐朽的贵族所动。古往今来，能够千古流芳、万古传颂的正是这些推崇高风亮节、义胆忠心，追求完美的人生道德观的人。西汉的苏武、南宋的文天祥等人，他们洞察了世间的丑陋污秽，仍然坚持自己的良知和骨气，不愿与世俗同流合污，他们所执的操守成为中华民族的传统和传承的素质。

与之相反，那些倚仗权势作威作福，贪图眼前利益而不顾名节的人，即使有昙花一现般的荣耀，也无法逃脱世人的耻笑，因为总有一天世人的操守会站出来说话，给予他们历史的审判。能否正确对待功名利禄往往是一个人成功与否的关键。我们无法成为圣人，却追求基本的良知。在崇尚现实的当代，当人们对古人津津乐道的"虚"名不屑一顾之时，操守不仅不会贬值，反而愈发珍贵。之于一个人，只是做人的起码素质；之于一个民族，却是未来的希望所在。

骄矜抵功，悔过宜速

不论在什么情况下都必须摆正自己的位置，"盖世功劳，当不得一个矜字；弥天罪过，当不得一个悔字"，洪应明认为一个人即使有过人的丰功伟绩，一个骄矜的"矜"字便会将其抵消；与之相反，即使犯了滔天大罪，只要能做到一个忏悔的"悔"字就能赎回从前的过错。一代名将关羽在镇守荆州时，性情自傲，看不起东吴，常常出言贬低对方，他不但对外看不起对手，对内更是不把同僚放在眼中，目空一切，盛气凌人，与手下的将领关系搞得非常不好。关羽的骄傲自大为日后的兵败埋下了祸根，最后败走麦城，被吕蒙设计所杀，荆州从此落入东吴手中。一代名将兵败、地失、人亡，一世英名付之东流，教训何等惨痛！

人要懂得谦逊顺从之道，英武刚猛的人虽然做事不犹豫，但刚猛有余谦逊不足，难免缺乏进退之间的三思而行。如关羽一般，如果刚猛就容易过头，不如来一些顺从退让，以得到恰到好处的平衡。

与之相反，一个人有过错并不可怕，重要的是迷途知返，懂得改进。"改过宜勇，迁善宜速"，这是古人的经验之谈。知错不易，懂得自知更难，而如果停留在自知的阶段而不付诸实践，同样无济于事。

东晋时被乡里称为"三害"的周处，在意识到自己的可恶之处后，决心痛改前非。他冒着生命危险除掉了南山上的白额虎、长桥下的鳄鱼。之后的周处潜心习武，发奋读书，立志改过，经过自己的不懈努力，终得到了乡亲们的谅解。脱胎换骨后的周处最终成为国家的一员大将，在抵抗外族入侵的斗争中，以身殉国，成为一名英雄。

🏵 施恩勿念，宽以待人

君子坦荡荡，小人常戚戚。君子之所以坦荡，是因为他们善忘，存亡、得失、哀乐、好恶，全都忘得干干净净，心胸宽广、和颜悦色地去面对世界。反之小人之所以悲戚，往往是因为他们的记忆力太强，功过、名利、恩怨，全都记得清清楚楚，心胸狭隘、怒目横眉地面对人生，自然不会有快乐可言。

"我有功于人不可念，而过则不可不念；人有恩于我不可忘，而怨则不可不忘。"正如洪应明所说，对自己忘功不忘过，对别人忘怨不忘恩，是一种明智的选择。古人云：施惠无念，受恩莫忘。真诚地帮助别人不要求回报，也正因为如此，无私的帮助成了助人的最高境界。而在施予他人援手时，内心所充盈的幸福与安宁，成为我们最好的回报，正所谓"赠人玫瑰，手留余香"。

除此外还要做到不念旧恶、宽以待人。孔子周游列国时，途经卫国，卫灵公对孔子很尊敬，于是孔子在卫国住了下来。不久的一次出行中，卫灵公让夫人和宦官与自己坐在一辆车上，却让孔子坐另一辆车跟在他们身后。孔子觉得非常耻辱，说：吾未见有好德如好色者也。之后不久便离开了卫国。后来卫国发生政变，冉求问子贡说："夫子会帮助卫君吗？"于是子贡试探着去问孔子："伯夷、叔齐是什么样的人？"孔子答："他们是古代的贤人啊。"子贡又问："他们会有怨恨么？"孔子答道："他们追求仁就得到仁，怎么会怨恨呢。"得到答案的子贡对冉求说："夫子会帮助卫国的，他并没有为以前的事怀恨在心。"

如孔子一般，不在意他人是否与自己意见相左，不计较他人的过失和对自己的亏欠，不挑剔别人的短处，这是一种大度、宽容的思想境界。

保持敬畏，自律自省

我们提倡不畏艰险的精神，正是因为这样的精神，人类社会得以进步。但有一句话说：无知者无畏，形容青年人做事很少顾虑，敢做敢为。我们欣赏勇者无畏，却不赞成"无知者无畏"。因为无知无畏是一种莽撞的勇气，常常造成不良后果。

"大人不可不畏，畏大人则无放逸之心；小民亦不可不畏，畏小人则无豪横之名"，洪应明告诫我们对于德高望重的人不可不敬畏，因为敬畏德高望重的人，就不会放纵安逸；对于百姓不可不抱敬畏的态度，因为敬畏百姓，就不会沾染上欺压百姓蛮横的恶名。

中国的传统历来是讲究敬畏的，孔子说"君子有三畏"，俗语中的"头上三尺有神明"，都是在告诫人们不可肆意妄为，强调由内而外地自律。

一个人经历的事多了，做事就会考虑很多，危险的事也常常因为事先的预见而避免。年轻人却常常因为经历的事情少而胆大做事，不计后果。

有所畏惧的人才知自省，懂得谦虚。曾国藩每天记日记，对自己一天的言行进行检查、反思，进而做出检讨。最为可贵的这样的修身自省从 31 岁开始，一直贯穿了曾国藩的后半生。即使身为军事统帅，他也坚持每日三省吾身。谦虚修身，有所敬畏成为曾国藩事业成功的重要原因。懂得敬畏的人是谦虚的、自律的，因为心存敬畏会让人做到有所为有所不为。

《菜根谭》中"修身"一辑，笔墨虽潇洒飘逸，云淡风轻，却写尽修正自身的道理。作者洪应明常用双向的笔墨为后人勾画出人生的双排道，从善如流，从恶如崩。可惜人生本就是没有返程的单行道，遵循古圣先贤的教诲，莫失莫忘。

人咬得菜根则百事可做
——浅读《菜根谭》之处世篇

文 / 刘舒阳

> 留一步，让三分是《菜根谭》中提倡的一种谨慎的处世方式。让对方先过，哪怕是宽阔的道路也要留给别人足够的空间，为他人着想，自己的路才会越走越宽。

在现实生活中，为人处世要灵活，知进退，善于静观其变，沉着应对。做人要时刻认识到自己所处的境地，要根据自己的实力去行事，当进则进，当退则退，做到有自知之明。能够认清客观形势或时代潮流，能够跟随其变化而变化，因时制宜，顺势而动，这是《菜根谭》教给我们的处世哲学。

智巧机械，知而不用

洪应明在《菜根谭》一书中写道："势力纷华，不近者为洁；近之而不染者为尤洁。智巧机械，不知者为高；

知之而不用者为尤高。"这里"出淤泥而不染"讲的是定力，"明机巧而不用"讲的是智慧。当下，很多人都在为如何得到贵人相助而大动脑筋的时候，能有多少人愿意不接近权贵而洁身自好呢？洪应明告诉我们：权贵们是可以接近的，但真正做到近墨者不黑才是高人。

"竹林七贤"之一的嵇康，非常有才能。大将军司马昭的部下钟会闻其大名专程去拜访他，钟会见到嵇康的时候，嵇康正在大树下打铁，对钟会等人不仅爱理不理，还出口伤人，钟会为此心中记恨。司马昭认为嵇康人才难得，准备重用他，可是嵇康又不辞而避。有人推荐嵇康担任一个官位，嵇康不仅不领情，反而傲慢地回绝了。后来在钟会的不断谗言下，司马昭终于找了个借口把嵇康杀掉了。

有才华的人往往正直刚毅，气节高雅，不随波逐流，不趋附权贵，不看人的脸色吃饭。这是一种风骨。然而这种傲骨很容易被人看作是傲气与清高，最终给个人的发展设下障碍。当身不由己时，能够做到"近之而不染"才尤为可贵。

"智巧机械"是一种智慧，也是一种能力，是通过实践锻炼而来的，如果通过自己的智慧和劳动所获得成果，得到了自己应该得到的利益，自然可以心安理得。而"明机巧而不用"，更是一种大智若愚的智慧和胸襟。

🌀 明辨是非，言行得体

明辨是非是一种处世的态度，能够坚持己见，不人云亦云，立场清晰而坚定，才能做一个有胸怀的智者。《菜根谭》中对此有如下阐述："毋因群疑而阻独见，毋任己意而废人言，勿施小惠而伤大体，毋借公论以快私情。"即不要因为大多数人都疑惑而放弃自己的独特见解，不要固执己见而忽视别人的忠实良言；不可施小恩小惠笼络人心而伤害整体利益，也不可假借舆论来满足个人欲望。

一个人若没有主见，别人认为什么是对的他就去做，别人说什么是不好的他就不做，那他到底是为谁而活呢？但世间这样的人真不是少数。

一个人除了明辨是非外，还要言行得体。俗话说，一句话能把人说跳，一句话也能把人说笑。言语是思想的衣裳，谈吐是行动的羽翼。它可以表现一个人的高雅，也可以表现一个人的粗俗。言谈高雅则行动之稳健，说话轻浮则行动之草率。

🌀 净拭冷眼，毋动刚肠

"君子宜净拭冷眼，慎毋倾动刚肠"，这是洪应明在

《菜根谭》中教授的另一条处世哲学。意为一个有才学品德的君子，不论面对任何事物，都要保持冷静态度去细心观察，绝对不可以随便表现自己刚直的性格。

正派人一般为人正直，胸怀坦荡。但为人处世也要讲究方法，因一时的情感而轻举妄动，或许会铸成大错。即便出发点是好的，也很可能由于性格刚直而难以成事。做事的目的是为了解决问题，把事情办好，绝不是只为了表达一下自己直率的观点。

做人顶不得真，太刚直了容易折断；但也不可太圆滑，外圆内方最适宜。俗话说：圆的不稳，方的不滚。圆为灵活性，为随机应变，具体情况具体分析处理。方为原则性，为坚守一定之规，以不变应万变。方是原则，是目标也是本质；圆是策略，是途径也是手段。外圆内方概括了修身处世的要义。

🏵 知进识退，因时制宜

有这样一则故事：春秋末年，范蠡侍奉越王勾践，辛勤劳苦，尽心尽力，为勾践深谋远虑二十多年，最终灭了吴国，洗刷了会稽耻辱，又率兵向北渡过淮水，兵临齐、晋两国，号令中原各国。勾践因此而称霸，范蠡号称上将军。

返回越国后，范蠡认为盛名之下，难以长居久安，而且深知勾践的为人是可以与之共患难，很难跟他同安乐。于是写信告别了勾践，与随从乘船而去，最终也没有返回越国。

正如《菜根谭》中所写："进步处便思退步，庶免触藩之祸；着手时先图放手，才脱骑虎之危。"意即当事业顺利进展时，就应早做抽身隐退的准备，以免后来像羊角触篱一般进退不得；当刚开始做一件事时，就要预先策划在什么情况下罢手，才不至于骑虎难下而招致危险。

我们在谈到成功之道时，更多的强调要有一种勇往直前的精神，一种积极进取的精神。但是，有时候一味地硬冲硬打未必是一种最好的方法，以退为进也是一种人生的策略。正如面对客观世界的复杂多变，就某个具体的事情来说，也有其"时""势"的问题，在某些特定的时间里、环境下，采取以退为进的方法，也是一种积极的人生策略。当进则进，当退则退，做到有自知之明。能够认清客观事实或时代潮流，并因此而变，这是《菜根谭》教给我们的。

🏵 与人方便，自己方便

俗话说：与人方便，自己方便。处处为他人着想，不仅是对一个人德行的考验，也是为了取得别人对自己的帮助。"径路窄处，留一步与人行；滋味浓时，减三分让人尝。此是涉世一极安乐法。"《菜根谭》中的这句话旨在说明谦让的美德。在道路狭窄之处，应该停下来让别人先行一步。只要心中经常有这种想法，人生必然会快乐安详。

中国自古以来就是礼仪之邦，谦和、礼让更是中华民族的美德。但所谓谦让的美德并非指一味地让步。凡事让步，从表面上来看或许是吃亏，但事实上因此获得的收益要比因此失去的多得多。

清朝康熙年间的"六尺巷"不失为一段佳话，那首"千里家书只为墙，让他三尺又何妨"犹在耳畔。做事懂得给人留有余地，有好处时不忘与人一起分享。留一步，让三分是《菜根谭》中提倡的一种谨慎的处世方式。让对方先过，哪怕不宽阔的道路也要留给别人足够的空间，为他人着想，自己的路才会越走越宽。

雪中送炭，终身之感

"千金难结一时之欢，一饭竟致终身之感。盖爱重反为仇，薄极反为喜也。"赠人千金与管人一顿饭，为何结果会有这么大的差别呢？因为被关爱的人的境遇不同。

世间的一切帮助，在人最需要的时候才是最珍贵的。人对金钱的标准，也往往因状况不同而有很大的差异。因此，"雪中送炭"远比"锦上添花"有意义。

人的一生难免遭遇失利与困境，这时最需要的就是别人的帮助，这种雪中送炭的帮助会让人铭记一生。正如纪伯伦曾说"和你一起笑过的人，你可能把他忘掉，和你一同哭过的人，你却永远不忘"。所以人们常说"贫贱之交不可忘"，因为微寒贫贱之时的朋友，互相给予的是最为珍贵、无所图的友谊。

我们处在一个变化、诱惑重重的时代中，不可能摆脱世俗的纷纷扰扰，重要的是我们在融入这个时代的同时，如何把握好自己，始终保持清洁高尚的本色，不妨重回书中，体会《菜根谭》传授给我们的处世之道。

人咬得菜根则百事可做
——浅读《菜根谭》之人生篇

文 / 刘舒阳

> 在洪应明的笔下，人生本是万象空虚，达人自有达观。只有活在安详里才是真正的幸福，人若能生活在安详的心态里面，就拥有了永不枯竭的幸福之源。

人生是一段艰辛的跋涉，纷纭复杂，坎坷曲折，绝不只是绿叶簇拥的红花，更多的是荆棘杂草中的远征前行。面对春华秋实，心中更多的是经受酷暑寒冬的洗礼。人生在历经了风雨坎坷后，只有从容地迎接命运的挑战，诸多人生难题才能圆满解答。而从容是对人生的一种坦然，是对生命的一种珍惜。洪应明在《菜根谭》一书中，对人生亦有诸多感慨和总结，怎样面对人生，面对生活中的种种难题，他为此写下了"达观"的注解。

🐾 天地和气，人心存喜

一个身处逆境却能依旧微笑的人，要比一陷入困境就立即崩溃的人获益更多。处逆境而乐观的人，才具有获得成功的潜质。有些人往往一处逆境，便立刻会感到沮丧，因此往往未达到目的中途便放弃了。

人们的天性是喜欢与和气快乐的人相处。看那些忧郁愁闷的人，就如同看一幅糟糕的图画。一个人不应该做情绪的奴隶，不可让行动受制于自己的情绪，而应尽可能地控制自己。无论我们周围的环境怎样的不利，我们也要努力去支配环境，把自己从黑暗中拯救出来。当一个人有勇气从黑暗中抬起头来，向光明大道走去，他身后便不会再有阴影。

恰如洪应明所说：疾风怒雨，禽鸟戚戚，草木欣欣。或见天地不可一日无和气，人心不可一日无喜神。成功最大的敌人便是情绪。生命中的一切成就，全靠我们的勇气，我们对自己的信心以及我们对自己乐观的态度。唯有如此，方能成功。

有些人在家庭中寻找快乐，和他们的孩子嬉戏；而另一些人则在戏院中，在谈话中，或在阅读富有感染力的书籍中寻求快乐。每个人都应该养成一种永远不回忆过去悲痛事件的习惯，要进入最有兴趣的环境中，去寻求几种能使自己发笑和受到鼓舞的方式。如此我们便可学会随时调整自己的心理状态，达观地面对生活，让自己能快乐地过好每一天。

🌀 海纳百川，有容乃大

与人相处，有一分退让，就受一分益；吃一分亏，就积一分福。相反，存一分骄傲，就多一分屈辱；占一分便宜，就招一次灾祸。所以说：君子以让人为上策。

战国时，梁国与楚国交界，两国在边境上各设界亭，亭卒们也都在各自的地界里种了西瓜。梁亭的亭卒勤劳，锄草浇水，瓜秧长势极好；而楚亭的亭卒懒惰，对瓜事很少过问，瓜秧又瘦又弱，与对面的瓜田简直不能比。楚人要面子，在一个无月之夜，偷跑过去把梁亭的瓜秧全都给扯断了。梁亭的人第二天发现后，气愤难平，报告县令说：我们也过去把他们的瓜秧扯断好了。县令听完对梁亭的人说：楚亭的人这样做当然是很卑鄙的，可是，我们明明不愿他们扯断我们的瓜秧，那么为什么再反过去扯断人家的瓜秧？别人不对，我们再跟着学，那就太狭隘了。你们听我的话，从今天起，每天晚上去给他们的瓜秧浇水，让他们的瓜秧长得更好，而且，你们这样做，一定不要让他们知道。

梁亭的人听了县令的话后觉得有道理，于是就照办了。楚亭的人发现自己的瓜秧长势一天好似一天，仔细观察，发现每天早上地都被人浇过，而且是梁亭的人在黑夜里悄悄为他们浇的。楚国的边县县令听到亭卒们的报告后，感到非常惭愧又非常敬佩，于是把这事报告给了楚王。楚王听说后，也感于梁国人修睦边邻的诚心，特备重礼送梁王，既表酬谢，也示自责，最后这一对敌国成了友邻。

《菜根谭》中写道：地之秽者多生物，水之清者常无鱼。故君子当存含垢纳污之量，不可持好洁独行之操。世间没有十全十美的事物，"尺有所长，寸有所短"，每个人都有自己的缺点和优点。人际交往中应当求同存异，尊重每个人的个性差异，容纳别人的缺点，原谅别人的过错，"海纳百川，有容乃大"。

🈶 万象空虚，达人达观

人有了安详的感受，才是生命的真正享受。人若内心不安，幸福便无从建立。

《左传》中记载这样一个故事，诸侯楚武王对他夫人说："余心荡。"意思是说，我最近心乱得很，安定不下来，心里非常烦乱。他夫人说："王心荡，王禄尽矣。"意思是说：你既然失去内心的安详，你所拥有的一切也将要失去了。果然隔了没多久，楚武王便去世了。

"我贵而人奉之，奉此峨冠大带也；我贱而人侮之，侮此布衣草履也。然则原非奉我，我胡为喜？原非侮我，我胡为怒？"在洪应明的笔下，人生本是万象空虚，达人自有达观。只有活在安详里才是真正的幸福，人若能生活在安详的心态里面，就拥有了永不枯竭的幸福之源。沧桑变化转眼事，世上千年如走马。所以，对于卑微贫困和荣华富贵，对于人情冷暖和世态炎凉，要有超然的态度，能够如此潇洒地面对人生，才算得上大彻大悟。

🏵 以我转物，大地逍遥

《菜根谭》中有"以我转物者，得固不喜，失亦不忧，大地尽数逍遥；以物役我者，逆固生憎，顺亦生爱，一毫便生缠缚"的感叹，意为：对事物具有掌控和主导能力的人，不会因为得到而欢喜，也不会因为失去而忧虑，整个人生都逍遥自在；被事务所左右的人，遇到不顺利时就会恼恨，顺利时又会贪恋，因此只要一点微小的事就能令其困扰束缚。

人们常常崇尚"以我转物，大地逍遥"的境界，却常有很多"以物役我，分毫束缚"的无奈。若以我为天地万物的主宰，就可以把万物自由地改变使用。这样得到的富贵功名，实在不必太高兴；倘一旦失掉了荣华功利，也不必沮丧忧伤。无论得失穷通，都应心不动，立于天地之间，便是逍遥自在。这样的人生，是以天地为广大的游戏场所。相反，为万物而劳累我身，就是身为物转，人变成了富贵功名的奴隶。处于逆境，心里憎恨恐惧；处于顺境，就因爱恋而忘却忧虑。微细如一根毛的事，就可以把身心缠缚而成为苦痛的根源。可见迷与悟，苦与乐都在"役物"和"役于物"的一念之间。

六祖惠能禅师说："心迷法华转，心悟转法华。"在《六祖坛经》里有这样一段故事。六祖惠能昔日在广州法性寺，当时印宗法师正在讲经，突然一阵风吹来，风幡飘动。一位僧人说是风动，另一位僧人却说明明是幡动，两人争执不下。惠能见了说：不是风动，不是幡动，人心自动。外物只有通过我们的内心才起作用。不论是风动还是幡动，如果你的内心不动，它就不会对你有影响。我们通常较多地强调外部社会环境、社会地位、生活条件、主体智慧和工作成就等的改善，却忽视了对于主体安详的心境、安详的人际关系的关注和建设。到头来，许多人非但未能从社会地位的提高和荣誉、财富的增加中品尝到幸福的滋味，反倒视生活为不堪忍受的累赘。

日本梦窗国师诗云："青山几度变黄山，世事纷飞总不干；眼内有尘三界窄，心头无事一床宽。"拥有一颗清净心，是幸福的源泉。胸怀磊落坦荡，宛若长空旭日驱除晨雾，烦恼无处藏身。

人生活在这个世界，完全不享受物质的快乐是不太现实的。而要想获得健康的快乐，洪应明认为必须依靠内心这一主要因素，而外在物质是次要。所以，一定要对主要的追求和次要的追求在头脑中有清醒的认识，这对于人生是十分重要的。

《菜根谭》中对于人生态度的解读在之后的几百年间流传甚广。洪应明对待人生"达观"的态度反映了他大智大慧，大觉大悟的心态。即使人生处于失意，面对人生时，也不妨借鉴书中所得，为自己保留一份好的心态，一份阳光的心情。

"小"规矩里的大智慧之一
——为什么要学习《弟子规》

文 / 田芳

> 在众多优秀传统文化典籍中,《弟子规》浅显易懂,蕴
> 含着人生处处需要遵循的"礼"与"理",值得我们长学
> 常思。

❀ 关于学习中华优秀传统文化必要性的思索

曾看过这样一则故事,一位留德的著名医师,江苏人,世家子弟,对国学研究颇有造诣,她在德国期间,一次去跳舞,遇到一位伴舞的德国青年,最初她还有点瞧不起这位年轻人,但那个年轻人说自己是大学毕业,还读过《老子》,并且会用汉语背诵,不仅能熟背,解释得也很有见地,这位女医生断言,中国文化必有流行于世界的一天,凡我国青年千万不要忘了自己的文化,否则到了国外如果反不如外国人了解得深透,就太惭愧了。

传承中华优秀传统文化无疑是我们每个炎黄子孙不

可推卸的职责。而在优秀传统文化的学习中，我们更能找到正确的人生追求和价值。

有一部泰国公益短片名为《无名英雄》，主人公是个再平凡不过的小人物，清贫度日，但他总是尽己所能去帮助身边的人，甚至是一盆花、一条流浪狗，很多旁观者对他的举动并不理解，但他一如既往，手里有两张泰币，就会把一张送给沿街乞讨的母女……日复一日，年复一年，不求任何回报，他没有变得富有，没有成为名人，但在帮助他人的过程中，他很充实，生活得很快乐。当沿街乞讨的小姑娘穿着校服站在他面前时，他的神情透露出无限的满足和幸福。其实，幸福并不在于拥有得多，而是计较得少。只要我们懂得去珍惜、去用心体会，幸福其实唾手可得。

古今中外对"幸福"有各种不同的解说。德国思想家、哲学家康德认为"幸福是对我们一切爱好的满足"，孟子曾说过："丈夫生而愿为之有室，女子生而愿为之有家，父母之心，人皆有之。"可见，西方哲学、儒家思想都是承认利欲幸福的。如果从欲望得到满足来解说幸福，除了利欲幸福，儒家看来，人还有对事业的追求，即事业幸福。孟子认为君子有三乐："父母俱存，兄弟无故，一乐也；仰不愧于天，俯不怍于人，二乐也；得天下英才而教育之，三乐也。"对内可以将学问传给后人，使后人茁壮成长，对外可以将圣学发扬光大，使天下得以平治，这是事业幸福。可最值得关注的还是这段话"万物皆备于我，反身而诚，乐莫大焉"，在孟子看来，良心本心人人都有，它是道德的根据，要成就道德必须回到良心本身，反省自问，听命于良心应有的自然状态，一旦做到这一点，便会得到一种精神上的快乐和满足，这种幸福就是道德幸福。古圣先贤非常重视这种幸福，他们追求的是"仁义忠信，乐善不倦"，就是不停地向善行善。

我们生活在尘世中，每天奔波劳碌，希望能赚更多的钱，得到更高的地位，一切努力都是为了创造舒适富足的生活，可我们往往容易在不停的追逐中迷失自我，迷失方向，甚至渐渐感受不到幸福和快乐。忽视道德幸福，一味地追求利欲、事业幸福，后果不堪设想。何谓道德？道，就是"认识超越时空的大自然运行法则"；德，就是教导人类如何顺从大自然的法则，不违越地做人。这两个字正是古圣先贤教诲的简要概括。所以，我们要获得真正的幸福，需要在古圣先贤的指引下前行，要学习优秀的传统文化，汲取古圣先贤的思想精华。

🏵 学习《弟子规》的必要性

学习中华优秀传统文化，首先就要读古圣先贤留下的经典书籍。比如《论语》《道德经》《中庸》《大学》等，其中有一本小书，是中国传统社会中最简单的礼仪，是最起码的为人处世标准，有人将其比喻成"人生的交通规则"，它就是《弟子规》。

《弟子规》作者李毓秀，山西新绛人，字子潜，号采三，生于康熙年间，卒于乾隆年间，具体生卒年不详。李先生终其一生考取的最高学历就是秀才。科举道路上，李毓秀也许不算成功，但在研究《大学》《中庸》领域里，他颇有建树，是个名副其实的学者。他当时开了所学校，名为"敦复斋"，李先生讲学取得巨大成功，很多人慕名而来，久而久之，他就被人尊称为李夫子。现在，山西省图书馆和北京大学图书馆还藏有这位李夫子的《四书证伪》《四书字类释义》《学庸发明》《读大学偶记》等著作，所以，李先生被称为清朝杰出的教育家和学者是当之无愧的。后来，李夫子根据优秀传统文化对蒙童规范方面的要求，结合自己多年的教书实践，写成了一本教育、启蒙孩子的书，名为《训蒙文》，训，即教训；蒙，即启蒙。后来，清朝有个学者贾存仁在它的基础上进行了修订，并将书名改为《弟子规》。之后，这本书就在私塾里广泛流行。而李毓秀也是因这本书被后人记住，他的牌位也因此被供奉进绛州先贤祠。

前文谈过，《弟子规》是李毓秀先生根据传统文化对蒙童的要求编撰，它本身是对优秀传统文化的继承和发展。《弟子规》是从《论语·学而》篇中的"弟子，入则孝，出则悌，谨而信，泛爱众，而亲仁，行有余力，则以学文。"为总纲展开的，全书内容也正是由这几部分构成，讲的正是孔子的核心思想："孝悌仁爱"。《弟子规》只有1080个字，360句，113件事，却把一个人如何孝敬父母、友爱兄弟、立身处世、接人待物、修身治学等的态度和礼仪，概括得淋漓尽致，是中国传统家规、家训、家法、家教的集大成者。

从《弟子规》蕴含的教育规律上看，它的内容编写次序展现了中国古人对教育经验的总结，符合教育的基本规律。它的内容分七部分，依次是入则孝、出则悌、谨、信、泛爱众、亲仁、余力学文。强调了教育应该是先学做人，再学做事。《弟子规》里强调的道德教育也有先后，"首孝悌"，即从对父母兄弟的孝悌之心开始，渐渐地，培养人"泛爱众"的能力，这也符合人的自然情感规律，容易为人所接受。

从形式上看，《弟子规》吸取《三字经》形式，三字一句，琅琅上口。文字浅显易懂，朴实无华，说理清晰透彻，循循善诱，易于记诵，也容易在生活中践行。因此，自清朝中晚期开始，这本书就成为广泛流传的儿童读本和启蒙读物，影响甚广。

下面，列举两个大连团市委推行《弟子规》学习中的实例。大连长兴岛有位初中班主任，一次偶然的机会接触到《弟子规》，看后觉得受益匪浅，随后她就不断地学习、践行，收获颇多。于是，她便将《弟子规》应用到班级日常管理中，带领学生共同学习。一开始，校领导不理解，学生也常常有所质疑，可这位老师力排众议坚持下来，渐渐地，这个班级的学生在《弟子规》的熏陶中不断变化，对老师谦恭有礼，班级氛围融洽和谐，学习成绩日益提高。这位老师在自己的岗位上向大家验证了《弟子规》的教育力量。

自 2010 年，大连团市委举办"少年领袖培训班"，培训期间，学员晨读《弟子规》，讲师引领学员围绕《弟子规》理解孝道与责任……在不断地教育与熏陶中，学员们开始在用餐时帮助别人盛饭；开始每天晚上给爸爸妈妈打电话问寒问暖；开始真正理解"生日"的内涵。孩子的心是单纯善良的，也很感性，只是他们还没有意识到要对身边早已习惯的拥有和幸福心存感恩。他们需要知道具体的规范，需要成长的时间。而《弟子规》可以给孩子细致入微的指导，帮助孩子掌握做人的基本原则和规矩，在具备一定道德规范基础上不断丰富自己的知识，增长才干，这样才能在学习和事业上不偏离正确轨道，才能成长为真正的人，对国家社会有益。成长中的孩子是这样，就算我们这些成年人，每次读这本小书都会对照生活时时发现自己的不足，它就像一面镜子，时刻帮助我们正心性、正德行。

"小"规矩里的大智慧之二
——《弟子规》中蕴含做人的道理

文 / 田芳

> 《弟子规》1080个字，本是童蒙养正宝典，看似一本不显眼的小书，实际上里面蕴含着做人做事做学问的大智慧。

习近平总书记在中央党校讲话中曾谈道："要通过研读优秀传统文化书籍，吸收前人在修身处世、治国理政等方面的智慧和经验，养浩然之气，塑高尚人格，不断提高人文素质和精神境界。从这个角度看，我认为，各级领导干部应该读读《弟子规》。《弟子规》1080个字，本是童蒙养正宝典，看似一本不显眼的小书，实际上里面蕴含着做人做事做学问的大智慧。"

《弟子规》告诉我们如何做人。

🌼 德有伤，贻亲羞

要孝亲敬长，修身养德。

"孝道"是中华传统文化的精髓，也是儒家思想的核心。"孝"字，"上老下子"，强调血缘的延续。"首孝悌"，"首"提出了做人的根本在于孝道和悌道，即孝敬长辈、友爱兄弟。这里面包含一个很重要的态度，就是恭敬心。一个人的道德、学问都是从孝、敬中不断得到提升而自然流露出来的，可以说，一个人只有真正做到了孝与悌，他才具备了齐家、治国、平天下的基本素质。

以周朝为例，周文王的祖父是太王，太王生有三子，老大太伯，老二仲雍，老三季历，周文王是季历之子。当初太王有意把王位传给老三，可自古传位以长为尊，太伯善于体察父亲心境，就以为父采药为名，跟二弟一同上山，再没有回来。后来，圣主主政，国泰民安。太伯和仲雍这一让，让出了孝道，让出了手足之情，更让出了对天下百姓的忠。孔子对此举赞叹有加，称其是"德之至也"。在祖辈的影响下，周朝历代君王都奉行孝悌之道。"一家仁，一国兴仁；一家让，一国兴让。"正所谓"上行下效"，百姓看到领导者这么孝顺礼让，纷纷效法。周朝也正是凭借这孝悌之风，得以绵延八百余年。

《孝经》中有言："不爱其亲，而爱他人者，悖德。"

可见，修身养德的根本在"孝道"。孔子曾说过："夫孝，德之本也，教之所由生也。"意思就是"孝"是德行的根本，教育要从这里开始。"教"育的"教"字，左孝右文，教者，孝之文也。《弟子规》正是把握了教育的根本，由"孝悌"开始教育孩子。

"父母呼，应勿缓；父母命，行勿懒"，这里强调要从生活的细微处严格要求自己，摒弃一切的傲慢与不耐烦，做到时时处处存恭敬心。这其实也需要家长身先示范，营造有孝有爱的家庭环境，孩子从小耳濡目染，养成"父母呼，应勿缓"的好习惯，将来也一定能做到"师长呼，应勿缓""上司呼，应勿缓""爱人呼，应勿缓"，有了恭敬心，才会真正学有收获，身边的人际环境也自然和谐。

"身有伤，贻亲忧，德有伤，贻亲羞。""身体发肤，受之父母"，奉行孝道首先要善待自己，爱护自己的身体；但仅能做到爱护自己还不够。莫言在诺贝尔获奖感言中谈道："最后悔的一件事，就是跟着母亲去卖白菜，有意无意地多算了一位买白菜的老人一毛钱，算完钱就去学校，放学回家时，看到很少流泪的母亲泪流满面，母亲并没有骂我，只是轻轻地说：'儿子，你让娘丢了脸。'"这是一个"德有伤，贻亲羞"的典型例子，可见力行孝道更要注重修身养德，要努力对家庭、社会有所贡献。

"对尊长，勿见能"，这句是强调要注意培养谦虚的处世态度。《易经》中提到："谦卦，六爻皆吉。"在《易经》六十四卦中，每一卦都吉凶参半，仅一卦都是吉兆，即"谦卦"；《书经》里也提到"满招损，谦受益"；《了凡四训》第四篇就是讲谦德之效，袁了凡先生参加过几次进士考试，每次考前都要观察考生，他发现那些对人恭敬谦逊的学生往往能够考中。我们要时刻注意保持谦虚的态度，即便再有才华也绝不可能是自己天然形成的，一定是得益于很多前辈的经验传授、指点与帮助。

🈯 事虽小，勿擅为

要谨言慎行。《弟子规》中强调"谨信"，谨，是谨慎，信，是会意字，左人右言。其中蕴含了很多基本礼仪，告诉我们言语、行为要有分寸，要处处谨慎。

曾在书中看到两则有关"谨慎"的小故事。一家企业招聘员工，很多人过关斩将到了面试环节。其间主考官说临时有事要离开 10 分钟，在这段时间里，开始应聘者们都坐在考场等待，不久，就有人起身翻看办公室的材料，随后应聘者们都纷纷起身翻阅，10 分钟后，主考官走进考场，将面试结果直接公布，无一人入围。"事虽小，勿擅为；苟擅为，子道亏。""入虚室，如有人。"《弟子规》将他们未被录取的原因写得很清楚。还有一个故事，曾有一架美国的直升机坠落，调查发现原来是在检查时不够细致，之前就有裂缝未被查出。可见，我们做人处世要时时谨慎，一旦疏忽，轻则输掉了修养，输掉了人生机遇，重则会造成无法挽回的巨大损失。

《弟子规》中还讲了很多说话的规矩。"凡出言，信为先"，要讲诚信；"话说多，不如少""见未真，勿轻言"，要少言谨言；"惟其是，勿佞巧"，要实事求是；"市井气，切戒之"，言语要得体等，《弟子规》用简明的语句引导孩子学会谨言慎行，做到这些，将来步入社会时也定会受到他人的欢迎和尊重。

凡是人，皆须爱

要怀平等仁爱之心。"爱"是个会意字，就是用心去体会对方的需求和感觉，这样人与人才能和睦相处，孟子说过"天时不如地利，地利不如人和"，只要人和，小到一个家庭，大到一个国家，都会兴旺昌盛。这就要求我们要时刻怀仁爱之心。《弟子规》中详尽阐释了"平等仁爱"之理。

"凡是人，皆须爱，天同覆，地同载"，它蕴含着儒家倡导的"仁"和墨家主张的"博爱"思想。中国的传统文化尽管强调人是万物之灵，但对于与人类共同生活在同一片天地下的万物，也是强调要有爱心的，所以中华文化的最高境界是"天人合一"。这在环境保护已成人类共识的今天，理念是相通的，能够爱天地万物，事实上也是在力行孝悌之道，我们常把天比作父，地比作母，每个人都是天地的子女，理应爱护天地万物。

"己有能，勿自私"，意思是，自己有才能，不要只想着为自己谋利，而应有利国、利民、利他之心。范仲淹年幼时遇到一位算命先生，他问算命先生："您可不可以帮我看看，我将来能不能做宰相？"算命先生很惊讶，好奇这孩子为何有这么大的口气。范仲淹也看出算命先生的疑惑，低头思索片刻，又问："不然这样，您帮我看看我能不能做医生？"算命先生更奇怪了，就问范仲淹："你的两个愿望为什么相差那么大？"范仲淹回答："因为只有良相和良医才能真正救人。"算命先生听后非常感动，这孩子年纪虽小却志不在己，就对范仲淹说："你有这颗心，一定可以做宰相。"众所周知，范仲淹后来的确做了宰相，他做官期间，买义田，兴义学，正所谓"积善之家，必有余庆"，其家族也得以八百年不衰。范仲淹的人生历程给家长重要的启示，不能仅盯孩子的成绩，不能一味地送孩子学习各种特长，更重要的是要引导孩子从小树立心怀天下、心系他人的远大志向。

　　"勿谄富，勿骄贫"，就是说对有钱人不要谄媚，对贫穷者也不能瞧不起，《朱子治家格言》中有这样一句话："见富贵而生谗容者，最可耻。遇贫穷而作骄态者，贱莫甚。"意思就是看见有钱的人就去巴结，看见穷人就摆出一副高高在上的姿态，这样的人最卑下、可耻。如能抱有不谄不骄的心境，金钱的多少、地位的高低都无法左右正确的人生态度，自然活得坦荡、无忧无惧。

"小"规矩里的大智慧之三
——行事求学皆有"规"

文／田芳

> 我们学习文化经典，关键是要抓住本质去学习，领会古人的精神实质，再去结合时代特点加以理解和运用，抱着这样的观念去阅读学习，才能真正学有所获。

《左传》有言："太上有立德，其次有立功，其次有立言，虽久不废，此之谓不朽。"这里"立德"是讲做人，"立功"是讲做事，而"立言"是讲做学问。做人是立身之本，懂得做人的道理，就有了正确做事、做学问的基础，但要做到知行合一，还需要我们在生活的点滴中去学习、积累和践行，《弟子规》给了我们简洁明了的规范和指引。

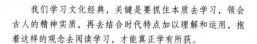《弟子规》中有做事之"规"

要在生活细微处培养自制力。"朝起早，夜眠迟，老易至，惜此时"，强调要珍惜时间，生活要有规律。人常会有意无意地忽略光阴流逝的速度，可每个人从出生那天起只有一件事始终没有停止，那就是奔向死亡，这说法看似残酷却是不争的事实。就像朱自清在《匆匆》中写的那样，"洗手的时候，日子从水盆里过去；吃饭的时候，日子从饭碗里过去；默默时，便从凝然的双眼前过去。我觉察他去的匆匆了，伸出手遮挽时，他又从遮挽着的手边过去，天黑时，我躺在床上，他便伶伶俐俐地从我身边跨过，从我脚边飞去了。等我睁开眼和太阳再见，这算又溜走了一日。我掩着面叹息。但是新来的日子的影儿又开始在叹息里闪过了。"在这有限的人生时间里，我们最重要的是要通过学习提升智慧，丰富人生，"学习"的内容绝不仅局限于教科书，我们需要多读有益书籍，汲取圣贤、智者的优秀品德和思想精华，在正能量的指引下少走弯路，用宝贵的人生时间多做有意义的事儿。"对饮食，勿拣择，食适可，勿过则。"这是对饮食的自制要求，古人非常注意观察人的用餐习惯，认为用餐习惯能反映一个人的修养，所以一直以来中国文化对孩子良好饮食习惯的培养相当重视，比如吃东西不能挑拣、不可过量，还有"食不言"、不能浪费粮食等，甚至对如何使用餐具、席位的安排、用餐的长幼先后都有细节上的礼仪规范。

要具备独立的能力。"置冠服,有定位;勿乱顿,致污秽",这是一个基本生活能力,就是要物归原处。可现在很多孩子却连这一点都做不到,事无巨细皆由长辈代劳。近年来常听说有个别大学生因生活无法自理而无奈退学,数年寒窗的辛苦付之东流,可见作为家长除了照顾孩子之外,更重要的是要培养孩子独立生活的能力,千万不要等到孩子长大后让他发出这样的疑问:"如果你不能养活我一辈子,为什么从小对我那么娇惯?""扬州八怪"之一郑板桥,老年得子,宠爱有加,但他主张真爱是"以其道",他认为不"以其道"的爱是溺爱,不是真正的爱。直到临终前,他还要儿子亲手做几个馒头端到床前,当儿子把做好的馒头端来时,他才合上双眼,与世长辞。我们培养孩子也绝不可成为"专业的高材生,生活的低能儿"。

做事要有条不紊,懂得进退。"事勿忙,忙多错;勿畏难,勿轻略。"忙就会乱,要处理乱,就要有条不紊;同时,做事不能懦弱,更不能强出头,这就要求我们做任何事要心存敬畏,并且要认真踏实地去努力。商汤有一位贤相伊尹,是历史上懂进退的楷模,他本是一位贤士,夏桀当政暴虐天下时隐居不出,因见民不聊生而出世,后来帮商汤起来革命推翻夏朝,他是建立商朝的一位贤相,也是内圣外王一流的人物。传说,商汤死后,其长孙太甲不遵守商汤的大政方针,为了教育太甲,伊尹将其安置在特定的教育环境中——成汤墓葬之地桐官，他本人与诸大臣代为执政，史称共和执政。太甲守桐宫三年，学习反省，"外仁迁义"，逐渐认识了自己的过错，悔过迁善，伊尹看时机成熟便亲去迎接他，并把王权交还他，自己仍做太甲的辅佐。这进与退在政治上看似有篡权的嫌疑，可伊尹行事磊落，朝臣、百姓对此举并无异议。这种为民、为世而并非为己的进与退背后是一种智慧，更是一种担当。反观我们当代青年的职场，职场不只是为图生计，每个人都有自己的职业梦想，伊尹的处世值得我们深入去体会。《弟子规》用简短浅显的语句告诉我们时时处处要知进退，懂规矩。

《弟子规》中有做学问之"规"

学习与实践并重。"不力行，但学文；长浮华，成何人"这句是强调如果只管埋头读书，不去亲近仁者，不注重道德的完善、品格的提升，结果只能是浮华不实。拥有书本知识只是一个人成为仁者的条件之一，并不是全部。我们熟知的赵括的"纸上谈兵"就是个"不力行，但学文"的典型例子。

"但力行，不学文；任己见，昧理真。"反过来，只靠个人经验不去学习同样不可取。汉代霍光的故事最能说明这个道理。霍光追随汉武帝近三十年，汉武帝死后，他受命做汉昭帝的辅政大臣，执掌汉室最高权力二十年，建立卓越功勋，他虽有才干，结局却是被灭族。霍光的妻子是个贪图富贵的人，因汉宣帝是霍光扶立的，自己就梦想做皇帝的丈母娘，打算把自己的小女儿嫁给宣帝。汉宣帝当时有皇后，霍光的妻子就利用权势勾结御医下毒谋害皇后，好让自己的女儿上位。作为汉室重臣，霍光得知此事后并没有追究妻子责任，而是碍于夫妻情分掩盖过去。霍光死后，霍家子孙仗势欺人，骄横跋扈，最终以谋反之罪导致全家被满门抄斩。史学家班固在肯定霍光"匡国家，安社稷"的同时，指出了其问题所在："不学亡术，暗于大理"，指出霍光败在居功自傲，不好学习，不明事理。可见通过学习汲取智慧也是不可或缺的人生功课。

学贵有恒。"方读此，勿慕彼；此未终，彼勿起"，做任何事情都要有恒心和毅力，不能三心二意。孟子有言"有为者辟若掘井，掘井九韧而不及泉，犹为弃井也。"曾国藩也常用这句话来训诫他的弟子，做人做事，如同挖井，只要是挖井，就要挖到出水为止，如果这里挖一口，没出水，又换别处去挖，挖了一半又荒废掉，就如同没有挖井一样。如果没有锲而不舍的精神，做学问也好，修养也好，事业也罢，没有一样能够成功。当今社会机遇多了，有些年轻人对职位、薪酬不满意就会考虑换地方，这"跳槽"就好比频繁换地方掘井，始终不能静心踏实地去专注于某一领域，很难有所成就。当然这里不排斥摸索，前提是要对自己有比较客观准确的定位，当找到相对适合自己的工作领域时，即使遇到暂时的瓶颈也一定要坚持，要尝试去努力攻坚克难，总有突破达到成功的一天。

《弟子规》用简短的语句将良好的习惯和生存法则阐释得淋漓尽致，凝聚了古人的智慧，值得我们长期学习、深入思考。

随着时代的发展进步，社会环境、人的观念都发生了一定变化，也因此有人认为传统书籍已经过时，一度也有人觉得应该对《弟子规》的内容加以修改。事实上，我们在学习每一部文化经典时恐怕都会遇到这样的问题，中华文化，如果我们把它比作一棵大树，它的本质精髓就好比树干，屹立千年，但它每年也要发出新的枝芽，新芽一定是随着当年的环境而生发的，那些枝叶也一定适应于当年的气候。而我们学习文化经典，关键是要抓住本质去学习，领会古人的精神实质，再去结合时代特点加以理解和运用，抱着这样的观念去阅读学习，才能真正学有所获，也只有这样，中华文化的优质基因、血脉才能得以传承、延续。

小谈论语
——从论语中寻找心灵幸福的智慧

文 / 王雯雅靖

> 如果一个人做到了永葆初心——内心就会轻松、容易有满足感；乐做君子——就会让一个人内心充实、温暖、阳光、淡定。

时下有很多虚构的浪漫完美的爱情故事让很多人倾心不已，欲罢不能，认为只有那样的爱情才能让人感到幸福、快乐。比如很多韩剧，网络爱情小说改编的电视剧等，《何以笙箫默》就算其中的一部，看过小说或者是电视剧的人，都会觉得男、女主角很幸福，一个有能力、有事业、有爱心的高富帅爱了、等了一个女孩七年，念念不忘、守身如玉，当两个人把七年前的误会解开之后，幸福快乐地走到一起。

好了，问题来了，为什么男女主角会感觉到幸福？我们来共同回顾一下，就像电视剧里的一句台词："只要不去想，肤浅的快乐其实很容易"，那么究竟什么是真正的幸福和快乐呢？第一个因素是打开心结，一直束缚男女主角内心隐痛的东西，解开了，所以内心是轻松的；两个人获得爱情，走到了一起，内心有种满足感；彼此被爱着，内心会觉得温暖，充满阳光，电视剧里还有一句台词是"可是连自己心中的阳光都消失了，又拿什么去照耀别人"；心情阳光了，看什么都顺眼，干什么都有劲，就会让一个人感觉很充实；感情稳定了，工作充实了，内心就越来越淡定了。

那么可不可以说，当一个人内心轻松、满足、温暖、阳光、充实、淡定的时候，这个人就是幸福的、快乐的呢？

我们都知道，戏剧源于生活但高于生活，何以笙箫默的故事只是个极致的爱情，那我们看看除了这种极致的爱情能给人带来幸福之外，是否有其他的方法也能让一个人的内心感到幸福和快乐呢？我们就试着从《论语》中找找方法和智慧。

🌀 孔子一生的心路历程究竟如何

首先，大家可以思考几个问题：你觉得自己的幸福感是越来越低？还是越来越高？能让自己觉得开心的事情越来越少？还是越来越多？觉得自己身心舒畅，精力充沛、积极、阳光、有追求的时候多吗？遇到困难、坎坷、纠结的时候你还能满血复活吗？也许大家会认为，我闹心事多了，工作好忙，家里事也多，父母的、孩子的、老公的，还有我自己的，我容易吗我，遇到这么多大事小情的，怎么可能轻松快乐起来？怎么可能始终保持心情舒畅，没有挫败感。

综观孔子的一生，在当时看来并没有什么惊天动地的大事业，人生也经历了很多坎坷，也经受了很多苦难，他的努力没能达到他想要的结果，他的存在难道就失去了意义吗？他这一生都在内心苦痛中度过吗？通过《论语》我们就会知道：孔子在人生经历了那么多坎坷、困难之后，是如何解决困惑，如何调整自己，怎么做到内心淡定、轻松、充实、积极、乐观的？也许我们的资质赶不上孔子，但最起码，我们可以通过这位老师如何讲修心、守住内心的方法，让我们快乐轻松的时候多一些，纠结、烦恼、痛苦的时候少一些。

孔子如何评价自己的一生

在论语中孔子用几句话概括了自己一生的心路历程，子曰：吾十而有五而志于学，三十而立，四十而不惑，五十而知天命，六十而耳顺，七十而从心所欲，不逾矩。这段经历与《论语》的开篇"学而时习之，不亦说乎"结合起来看，恰恰能说明孔子一生内心是快乐充实的。

孔子三岁时，父亲去世，由母亲抚养长大，十五岁之前接受一般乡村孩子的教育，从十五岁起立志于学，这里的"学"不单指学习文化知识、书本知识、会写文章，读书，主要指的是如何做好人、做好事的人生学问，论语中有印证，子夏曰：贤贤易色，事父母能竭其力，事君能致其身，与朋友交言而有信，虽曰未学，吾必谓之学。这里的"学"就指的是人生学问。十七岁，母亲去世。三十岁之前，孔子做过很多基层的工作，包括委吏（管理仓库）、乘田（管理牧场）与助丧（承办丧事）。到了三十岁孔子树立了人生的志向：述而不作，信而好古，窃比于我老彭。意思是孔子不是在开创自己的一门学问，而是在传承和弘扬中华传统文化，并怀着诚敬心学习和践行传统文化，他把自己私底下比作老子和彭祖。三十岁前后就有学生求教并追随他，形成一个独特的师生团体，以讲学修德与治国利民为其目标。又过了十年，四十而不惑，就是在他四十岁的时候，因为孔子学不厌而教不倦，学问与见识渐成系统，懂得了大道，知道一些问题、困难、现象的由来，主要对形而下的问题没有疑惑了。又过了十年，五十岁达到"知天命"，《论语》

中有一句话：加我数年，五十以学易，可以无大过矣。这句话的理解有不同的版本，我倾向于孔子在四十几岁的时候已经开始研究易经了，但因为当时的阅历、智慧、德行修为还不够，直到他五十岁的时候才觉得自己能够知天命。这里的知天命，包含两个层次的含义，一是明白自己的天赋使命是承启文化道统，二是明白了天人合一的本真道理是什么，主要指的是形而上层面的知识。我们都知道，孔子的偶像是周公，他常常以在梦中梦到周公感到高兴，之所以成为孔子的偶像，一方面是因为周公在辅政治国时的作为，周朝百姓道德教化之好，另一方面在于周公对《易》的研究。五十一岁到五十五岁，孔子在鲁国从政，之后开始周游列国，推行教化，知其不可为而为之，甚至两度面临生命危险，直到六十八岁，鲁国新的执政者召请他回国。在周游列国的坎坷经历中，内心修为到六十而耳顺，好话坏话尽管人家去说，自己都听得进去而毫不动心，不生气，你骂我，我也听得进去，我理解就是心里平静，也就是常说的内心淡定，有则改之无则加勉。心里平静不是死气沉沉，是很明确是非善恶，对好的人觉得可爱，对坏的人，更觉得要帮助改成好人，要做到这样的平静，这个学问是很难的。又过了十年，孔子才"从心所欲不逾矩"。

从心所欲不逾矩，就是不光是听到好话坏话，在碰

到好事坏事，处在有利不利的情况之下，都能够心无困
扰，从容应对，不超天道常规。内心淡定、从容，处理
问题得心应手合乎道义，这时已经摆脱各种束缚，游刃
有余，就像庖丁解牛的道理。用通俗的话讲，这时，对
于孔子来说什么金钱、地位、名誉，得与失之间，那都
不是事儿了，只要在遵循道义的生活、工作中，不畏欲
望所困，才是真正活得潇洒、快乐。孔子以身教和言
教开启了中国历史上最具影响力的儒家学派，成为两
千五百多年来最伟大的"至圣先师"。

了解了孔子的一生，回头再看孔子说的"学而时习
之，不亦说乎"这句话，意味着孔子一生都在积累学习
人生的学问，然后在自己一生中不断地践行一以贯之，
这是多么快乐的事情啊？可见，孔子在遭遇那么多坎坷、
困境的情况下，内心是快乐的。正像我国著名翻译家、
文学家杨绛先生在一百岁时说的感言：我们曾如此渴望命
运的波澜，到最后才发现：人生最曼妙的风景，竟是内心
的淡定与从容……我们曾如此期盼外界的认可，到最后
才知道：世界是自己的，与他人毫无关系。

🏵 幸福快乐的根源在哪里？

在《论语》中，弟子们是这样记载孔子的学问修养

以及外在神态的：子温而厉，威而不猛，恭而安。翻译过来，一是温和的，即对任何人都亲切温和，但也很严肃，在温和中又使人不敢随便；二是威而不猛，说到威，一般人的印象是摆起那种凶狠的架子，其实不然，由内而外散发的威严而不凶暴；三是恭而安，孔子对任何事，任何人都非常恭敬，但又不失风度。正如《中庸》所说：喜怒哀乐之未发，谓之中，发而皆中节，谓之和。中也者，天下之大本也；和也者，天下之达道也。致中和，天地位焉，万物育焉。

接着，《论语》第八篇泰伯中有句话做了进一步的解释和发挥。子曰：恭而无礼则劳，慎而无礼则葸，勇而无礼则乱，直而无礼则绞。恭、慎、勇、直，都是人的美德，但如果不懂得礼的真正内涵，就会偏激，必须要经过文化教育来中和他。葸：害怕、胆怯；乱：鲁莽、出乱子；绞：尖刻刺人，顽固；礼：礼的内涵和精神。孔子说的恭而无礼，指不要认为态度上恭敬就是道德，如果有恭敬态度而没有礼的内涵做支撑则"劳"。换句话说，外形礼貌固然重要，如果内在没有礼的精神，碰到人一味地礼貌，则很辛苦，很不自然安详。其余的两句话特别符合《周易》的道理，是动是止，是勇是惧，是直是曲都要弄明白为什么要这么做，是否真正知道每种行为其中的含义，是否真正符合道义，这种行为的选择是否能带来有益的效果。否则，慎而无礼就会造成畏手畏脚，勇而无礼就容易出乱子，把事情搞砸。有些人个性直率、坦白，对就是对，不对就是不对，心地非常好，很坦诚，但学问上要经过磨练、修养，否则就绞，绞得太过分了就断，误了事情，也就是直而无礼。

所以，修心很重要，修心是能让一个人幸福快乐的根本，不是要人去装，而是要诚意、正心。

《庄子·渔父》中有这样一段话"真者，精诚之至也。不精不诚，不能动人。故强哭者，虽悲不哀；强怒者，虽严不威；强亲者，虽笑不和。真悲无声而哀，真怒未发而威，真亲未笑而和。真在内者，神动于外，是所以贵真也。"

意思是，真乃是诚之精粹的极致。不真诚不能打动人。强作哭泣的人，看上去悲痛，却绝不哀伤；强作愤怒的人，看上去厉害，却绝不威严；强作亲爱的人，看上去和蔼，却绝不亲近。出于真心的悲痛，即使还没有出声但已经悲戚动人了；出于真心的愤怒，即使还没有做，但已经让人感到威慑了；出于真心的亲近，即使还没有露出笑意但已经让人感到了亲和。只有心是真诚的，表现出来的神态也才能有感染力，这就是真诚的可贵之处。

修心不走心是肯定不行的，真正的快乐是一个人发自心底的快乐，连孔圣人都要经过这样几个阶段来立德修身养性，每个阶段要十年之久，更何况是一般人。其实换个角度看，遇到不好的事情是在给我们机会思考一些人生的问题，想明白了，心结解开了，挺过最艰难的时候，内心就会豁然开朗，离真正的快乐就会越来越近，你就会离下一个更高的修为境界更近一步。想不明白，始终纠结，就会内心痛苦，会原地踏步，甚至让自己倒退到更狭隘的境界。

要想达到内心真正的幸福和快乐，《论语》告诉我们：

一要永葆初心——让内心轻松，容易有满足感。

什么是初心？一颗与生俱来的没被过多欲望束缚、掩盖的本心。做到永葆初心，就会让一个人内心轻松，容易有满足感。

《论语》中子夏问孔子：巧笑倩兮，美目盼兮，素以为绚兮。何谓也？子曰：绘事后素。曰：礼后乎？子曰：起予者商也，始可与言诗已矣。一般版本的解释是甜美的酒窝笑起来很有味道，很美；漂亮的眼睛，黑白分明，含情脉脉；在白底上能画出很漂亮的图案，为什么会产生这样的效果呢？孔子说：绘画完成以后才显出素色的可贵。如果整个画面被其他颜色涂得满满的，就会缺乏意境和品味，留白留得恰到好处，才是成功的画作。子夏接着又问：礼后乎？意思是礼的关键是外在的礼仪形式能够准确恰当的表达礼的内涵就够了，过度的追求礼仪礼节，就会过犹不及。因为孔子在当时特别看重礼，不但注重内涵的普及，也很注重外在的形式。子夏的提问让孔子受到了启发。这段话中，最值得人思考的就是"绘事后素"，我觉得主要有两层含义：一是在繁华背后的那个纯净的没有过多欲望掩盖、束缚、打扰的初心才是最美妙的，历经繁华之后回归的平淡才是真的美。二是所谓的圆满是要有留白的，做什么事情都要有个度，过了这个度，反而不美，反而体现不出更高的价值。

像号称"近代第一完人"的曾国藩，在晚年，就为他的书房命名为"求阙斋"，人这一生不要求圆满，不可能尽善尽美。宋朝的大哲学家，通《易经》而能知道过去未来的邵康节，也就是《了凡四训》中袁先生提到的得邵子皇极数正传，当中邵子就指的邵康节。他和名理学家程颢程颐兄弟是表兄弟，和苏东坡也有往来。二程和苏不睦。邵康节病得很重时，二程在病榻前照顾，这时外面有人来探病，程氏兄弟闻听来的是苏东坡，就吩咐下去，不要让苏东坡进来。邵康节躺在床上已经不能说话了，就举起一双手来，比成一个缺口的样子。程氏兄弟不懂他作出这个手势来是什么意思，后来邵康节喘过一口气，他说：把眼前路留宽一点，让后来的人走走。然后就死了。这也就是说世界本来缺憾，不要事事想着自己，又何必不让人一步好走路！什么好事都让一个人得了，什么道理都让一个人讲了，什么好人都让一个人当了，这又怎么可能。就像太阳带给万物光明和温暖一样，但却不能二十四小时地陪伴着我们，花儿开得再美丽也有凋谢的时候，人活得再好，也有死亡的那一天。佛学里对这个世界叫做"娑婆世界"，翻译成中文就是能忍许多缺憾的世界。

当你学会放下一些东西，心宽了，收敛、减少一些欲望的时候，你就会发现内心开始渐渐轻松起来。

大家都知道的白居易，一生学问好，名气大，官位亦很高，留名后世，在辉煌的时候常想从政治舞台上退下，悠游林下，因为他遵从了道家的思想，这从他读《老子》之后写的七律就可以知道。原诗是：

吉凶祸福有来由，但要深知不要忧；

只见火光烧润屋，不闻风浪覆虚舟。

名为公器无多取，利是身灾合少求；

虽异匏瓜谁不食？大都食足早宜休。

这首诗的意思是，人生的遭遇，成功与失败，吉、凶、祸、福，都有它的原因，真有智慧的人，要知道它的原因，不需要烦恼，不需要忧愁。项联两句，引用了庄子"覆虚舟"的典故，他说，我们只看到世间富贵人家多财润饰华丽的房屋，仍会被大火烧毁，却从未见到空船在水上被风浪吞没。装了东西的船，遇到风浪才会在风浪中沉没，而且装的愈重，沉没的危险愈大。虚舟本来就是空的，纵会翻覆，亦仍浮在水面，这是说人的修养，不要让无止境的欲望充满了自己，而是要修身立德，让自己轻装前行。

腹联的两句更指出，人世间"名"和"利"两件事不宜贪求以免招灾祸。可是现在有很多人，都在那里拓展自己的"知名度"，甚至不择手段，不管是好名声还是坏名声，反正出名就行，大家品一品，靠阴暗的手段出名的人早晚有一天会烟消云散。也就是德位不配，必有灾殃的道理，《易经》讲厚德才能载物。

现在大多数人都想发财，钱越多越好，就如一个大学生忏悔时所讲，只有在生命垂危时，宁可减少自己的财富，以挽救生命使之延续，可是当生命回来了，寿命可以延长了，却又会贪财舍命。像大学生张华这样学习《弟子规》之后，改过价值观和心境，才觉得生命更加有意义，生活更加充实快乐。

二要乐做君子——让内心充实、温暖、阳光、淡定、从容。

在学会放下、保持淡然心境的同时，还要树立人生的目标，乐做君子。这个目标，包括小我和大我两个目标。小我的目标就是要满足自己最基本的生存、生活需要，甚至是小康生活的需求，这符合马斯洛的层次需求理论。通过个人努力获得物质上的满足和改善，这也无可厚非，但当你真正实现这些个人小目标的时候，你会发现，升职加薪、买大房子、买好车，其实并没有你想象中那么幸福和快乐，那种快乐持续的时间也不会太久，因为之后又要被自己的下一个欲望所累。

为什么？因为你缺了一个大格局、大胸怀下的大目标，就是如何实现一个人的社会价值，社会贡献值。换句话说，就是要学会放下以自我为中心的思维习惯，要学会利他，学会反躬自省，学会但行好事，莫问前程。

石油大王洛克菲勒曾经很有钱，但却很痛苦，甚至濒临死亡。医生建议他做慈善，为什么？其实是让他试着放下自我，树立更大的目标和追求，学会利他，重整精神，体现他的社会贡献值。用中医的理论讲，心结打开，气脉畅通，亚健康就好了。有些影视明星，既有钱又有名，为什么还是不开心，还是会抑郁，有的甚至会自杀？归结起来，是因为没有考虑自己的社会价值和贡献值，就会变得迷茫、痛苦。再看看被称为"中国好人"的郭明义和张贞慧，他们二位共同的特点是，小我的目标很低，自己能吃饱、穿暖，满足一般生活水平就好，把能捐的钱都拿出来帮助更需要资助的人。郭明义说，别人都叫他郭傻子，但他知道，帮助别人是真正的快乐。张贞慧老人也曾说过，如果把钱用在给自己买一件新衣服上，真的没有把钱用来帮助他人来的快乐。

孔子为什么那么潇洒、从容，不为名利所困，不为成败所困，因为他有志于拯救那个时代，如期不遇，末身而已。但行好事，不问前程。说明白了，还是能否放下以自我为中心的思维习惯问题。当格局打开，胸怀变大，才会获得真正持久的快乐。因为当你看到别人因为你的帮助、给与和付出走出了困境，获得幸福的时候，那种幸福感在你的心里才更持久。小到公交车上给老人让座，当然了，这必须有个前提，就是你真的放下了自己的利益，在利他的时候是心甘情愿放下自己的利益。捐款救助贫困孩子也是一样的道理，如果你没真正放下自己的利益，还是以自我为中心，即使你这个钱捐出去了，你却更难受，反倒没感觉到快乐。大到你从事的工作，因为你的认真策划、落实、坚持，帮助了更多的人，你的内心是满足的、温暖的、轻松的、充实的，这就像一开始《何以笙箫默》女主人公得到幸福的心理是一样的，你是快乐的，而且这种快乐会持续下去，因为有了这种快乐，你的社会价值有了体现，激发了你内心善的种子，会继续做好事，就像郭明义一样，做好事是会上瘾的。

《论语》中学生樊迟问孔子曰：敢问崇德、修慝、辩惑？子曰：善哉问！先事后得，非崇德与？攻其恶，无攻人之恶，非修慝与？一朝之忿，忘其身以及其亲，非惑与？

　　崇德，如何充实自己的修养，使自己的心理、精神、修养到高深的程度；修慝，如何改进自己内心的思想、情绪；辩惑，怎样才不至于糊涂，怎样才是真正的有眼光、有智慧、看得清楚。其实这几点虽好，但太大了，孔子根据学生樊迟的程度对问题进行了回答，孔子说做人做事只要先去做，不问自己的结果利益，以后自然会有好的成果，这便是"先事后得"的道理。其次，要"攻其恶，无攻人之恶"，就是专门反求自己身上的问题，不挑别人的毛病。第三，怎么做才是不糊涂？有些人为了一点小事，生气、冲动起来，大脑空白，什么话都敢说、什么事都敢干，中伤他人，触犯刑法连带家人、亲人跟着受罪，这就是最笨、最糊涂的事。实际上这三点所包括的内容很多，这里虽是引述孔子对樊迟说的道理，也都是一般人很容易犯的毛病。

　　《论语》是如何说君子之道的呢？子曰：君子不忧不惧。曰：不忧不惧，斯谓之君子矣乎？子曰：内省不疚，夫何忧何惧？

　　孔子道：不忧不惧。回想一下，其实很多人经常被烦恼所困，能修养到无忧无惧，那真是了不起的功夫。孔子的学生司马牛一听，觉得这个道理很简单，他说只要没有忧愁，也没有恐惧就是君子吗？以现在社会来说，这样的人不少啊，成天上网打游戏、玩手机、聚会请吃、玩乐，无忧无惧的，既不担心也不害怕，没有钱用向父母要、有的甚至抢一点，更有甚者为了一部手机可以卖掉自己的肾，这些人无忧无惧的都是君子吗？孔子知道他弄错了，告诉他不忧不惧是不容易的，随后追加一句，要随时反省自己，内心没有欠缺和遗憾，光明磊落，心里非常清静、安详，没有什么可怕的。用通俗一点的话讲吾日三省吾身的三省肯定是做到了，对得起父母、对得起朋友、对得起国家、对得起社会。

三要躬身践行——获得幸福快乐所有要素的本真大道。

《论语》中孔子说到：法语之言，能无从乎？改之为贵。巽与之言，能无说乎？绎之为贵。说而不绎，从而不改，吾末如之何也已矣！

这句话是什么意思？"法语之言"就是特别好的名人名言，因为欣赏而背诵下来，记在心里。"改之为贵"，仅仅欣赏是没用的，要把它当成一面镜子，常常照照自己，反省反省，发现自己的毛病和不足，然后彻底改正，这样读书、做学问才是学以致用。"巽与之言"，就是顺耳的话、好听的话谁不愿意听，"绎"就是推敲，反省、分析一下。"说而不绎"，光喜欢听好听的话，自己不加反省，推敲。"从而不改"，对于好的名人名言，只欣赏，而不照着改掉自己的毛病。孔子说对于这种人我也实在拿他没什么办法。

紧接着，孔子又说：主忠信，无友不如己者，过则勿惮改。这恰恰跟之前的"三人行必有我师焉，择其善者而从之，其不善者而改之"相呼应了。而且告诉大家有了过错不要怕去承认和改正。即过能改，归于无。所以说，初读《论语》，貌似各篇各章毫无关联，其实再三研读之后，你会发现，其实前后呼应，互相阐明。

《论语》中孔子有两句话"不恒其德，或承之羞"。是《易经》上恒卦九三爻辞，卜卦用的。意思是说做事情，修德行，如没有恒心，做做停停，终归没有结果，很难为情。唐朝时候，白居易在杭州做太守，遇到一位鸟巢和尚，潇洒、自在和清静，让白居易觉得他是个有道高僧，白居易就向他请教，什么是佛陀教育，怎么提高修养。这位和尚就说"诸恶莫作，众善奉行，自净其意，是诸佛教"，白居易听完哈哈大笑，觉得三岁小孩子都知道的道理，可是老和尚说，三岁小孩都知道，但是八十老翁做不到啊，白居易觉得很有道理，其实能不能做到才是关键。

最后，我们来归纳总结一下：如果一个人做到了永葆初心——内心就会轻松、容易有满足感；乐做君子——就会让一个人内心充实、温暖、阳光、淡定；如果能躬身践行永葆初心和君子之道这两点，那这个人的内心就会轻松、满足、充实、温暖、阳光、淡定。

这个社会，人的幸福感越来越低，但只要每个人按照《论语》里说的道理勇敢或者说尝试地迈出践行的一步，只要你肯坚持，一个月、三个月、半年或者更长的时间，你会发现自己纠结、生气和消极的时候要比之前少很多，你就会越来越快乐，越来越幸福，你就会离"从心所欲不逾矩"越来越近。

最后，要特别感恩于南怀瑾老师著述的《论语别裁》一书，有志于研习《论语》的读者可多读此书，一定会受益匪浅。

做内心强大的女人
——我读《女诫》

文 / 于越

> 爱是体谅，爱是包容。这份理解和尊重，是女人安身立命
> 的基础，也是世间人与人之间情义、恩义、道义的根本。

　　关于女人的话题，从古至今就不比男人少，而且更丰富多彩。女人可以走进男人的世界，而男人却只能在自己的世界之中，这不是近百年才有的事情。比如两千年前的班昭，相传班昭是一名美貌女子，然而参与政事、续写《汉书》与美貌无关。好男人的处事标准同样适用于女人，女人需要的是比男人做得更多，走得更远，扎得更深。如果你有一个儿子，你希望他和怎样一位女子相伴终生呢？如果你有一个女儿，当女儿出嫁时，你要嘱咐她些什么才能保证她一生幸福呢？以上两个假设的前提都不是你要嫁一个怎样的好男人，不论是生于三妻四妾的封建王朝还是身处物欲横流的喧嚣年代，而是女

人要如何做自己。两千年前，为了使即将出嫁的女儿们少遭受些挫折，有一位母亲把自己做媳妇的经验和对生活的理解写成《女诫》，这位母亲就是班昭。《女诫》是东汉班昭写作的我国第一部系统完整的女性道德教科书。全书两千余字，包括卑弱、夫妇、敬慎、妇行、专心、曲从和叔妹七章。它基于古礼与儒典，阐述了女子修身齐家之道，教育妇女柔顺之礼。

以守为攻，卑弱第一。作为儒家妇女观的代表作，《女诫》贯穿了"以德为先"的中庸处事理念。在创作上受到了孔子"述而不作，信而好古"的影响，文中观点是对前人观点的梳理和归纳，并非班昭本人的一家之言。班昭作为践行儒学思想的优秀女性，将"分享"融入创作。文中"男尊女卑"的家庭关系，更多的是"人尊我卑"的儒家"谦卑"之道。有人说《女诫》缺乏进取性道德，相比而言，上古的传说留下了"女娲补天""精卫填海"等"女汉子"式的华夏女性勇敢无畏的伟大形象，这种征服自然、改造环境的魄力与勇武，让几千年封建王朝的女性黯然失色。然而，女娲补天毕竟是神话，精卫填海也并未成功。从物种进化到社会变革，人类改造自然和创新文化的决心和勇气并未掀动适应环境和顺应社会的历史波澜。因此，《女诫》开篇讲"卑弱"。以守为攻的协调性人际关系才是真正冲破现实桎梏的强大利器。"卑弱"不仅需要任劳任怨的大度胸怀，更需要荣辱不惊的强大内心。

《关雎》之义，夫妇第二。"夫不贤，则无以御妇；妇不贤，则无以事夫。"《关雎》之义便既是夫妻忠贞之义，又是心怀家国的大义。《大学》讲："家齐而后国治"。夫妇之道是家兴国昌之根本。就当时历史环境看，《女诫》是一本适时适景应运而生的笃行之作。班昭所处的东汉时代早婚盛行，八岁的和昭帝娶了六岁的上官皇后，平帝九岁即位时，他的安定皇后也只有九岁，班昭本人也是十四岁就嫁入了曹家。年轻的媳妇们并不懂太多处持家务的道理，《女诫》一问世便被京城世家争相传抄。与早婚相伴的还有大汉帝王的多病短命，东汉十四帝中，除了汉武帝刘秀活了六十二岁、汉明帝活了四十八岁、汉章帝活了三十一岁外，其余十一位皇帝都不足二十岁就英年早逝，年幼的皇帝们没有当政的能力，外戚专权让朝野内外苦不堪言。《汉书》的作者，班昭的哥哥班固也是受害于派系斗争。《女诫》引导女性识大体、顾大局、恪守本分，正是出于"近则修身，远则治乱"的考虑。

阴以柔为用，敬慎第三。"修身莫若敬，避强莫若顺"，不仅强调了夫妻相敬如宾的平等关系，同时引导女性以其自身的特点和家庭的角色承载人类的重担。即便是封建社会，以班昭的家境出身，她完全可以教导女儿活得任性一点，自我一些。班昭父亲班彪是当时远近闻名的学者，班昭的哥哥班固和班超一文一武，赫赫有名。班昭本人博学多才受朝廷器重，儿子曹成也担任官职。班昭没有让自己出嫁的女儿们依仗娘家势力在婆家行为强势。相反，班昭认为，争执无法解决争执，爱才是最强大的利器。看似谦弱的女人们恰是用这如水的柔情夯固下家庭磐石般的根基。爱是体谅，爱是包容。这份理解和尊重，是女人安身立命的基础，也是世间人与人之间情义、恩义、道义的根本。我看来，敬慎之词最妙，它不是妥协退让，亦不是懦弱胆怯，敬人者得恭敬，慎处者得长久。凡事权衡斟酌，遇事以人为先，因敬而慎，以慎为敬，方得始终。

态度至上，妇行第四。妇行，即妇德、妇言、妇容、妇功。妇德，不必才明绝异，而是守贞节、辨是非、懂规矩。妇言，不必辩口利辞，而是择辞而说，不道恶语，时然后言，不厌于人。妇容，不必颜色美丽，而是衣服整洁、身体干净、打扮得体。妇功，不必工巧过人，而是专心纺织，略懂厨艺。有人说"幸福家庭是女人的事业"，《女诫》提出的对女性修养的要求让这份"事业"变得触手可及。不必拘泥于某一细节的精巧完美，而是识大体、顾大局的温和大气。有语云："大气之人，语气不惊不惧，性格不骄不躁，气势不张不扬，举止不猥不琐，静得优雅，动得从容，行得洒脱。"这不正是"君子好逑"的窈窕淑女吗。

洁身自好，专心第五。因为"夫有再娶之义，妇无二适之文"的不对等权利，让女性的"专心"被误读为其地位弱势的体现。从"梁山伯与祝英台"到"罗密欧与朱丽叶"，古今中外多少凄美的爱情故事被广为传诵。人们渴望忠贞不渝的爱情，向往从一而终的完美结局。爱是专一，爱是奉献。这不仅包括婚约层面的信守诺言，更是精神层面的忠于丈夫和家庭。班昭实则是强调如何得到丈夫的真心。女人的"专心"是一种修炼，一种内求，而丈夫的行为和外界的环境不应成为不专心的理由或借口。专心并非道德的绑架，而是强者的执著，顾盼之间步伐便不再稳健，迟疑之中目光便开始游离。如果说"聪明人"一辈子都因为在考虑如何选择而行走路上，那不如做一个一条路走到黑的"傻子"，享受只顾行走、心无旁骛的轻松。

最后，《女诫》讲到了婆媳、叔妹关系，提出了"曲从"和"谦顺"。"曲从"，是在大局观下的妥协和让步，"谦顺"则是全局意识下的统筹和平衡。看似消极宿命的一句"犹宜顺命"道出了家庭关系远近亲疏的本质。夫妻关系是家庭的根基，而捍固它的不二途径就是把丈夫当作是一体的存在。"如果我和你妈同时落水，你先救谁？"无数女人用这个问题考证着男人对自己的爱与忠诚，从男人纠结的眼神中，几乎没有女人能够得到她们满意的答案。我想，学过《女诫》的女人们都会有智慧淡然处之——"遇到危险，我们要先救'咱'妈！"逆来顺受也好，卑弱谦让也罢，内心强大的女人从不在乎以何种形式，只要立足于爱与智慧的高度，女性就可以独立而自信地盛开。

我国第一位著名的女历史学家班昭以其庄正的行止和飞扬的文采，将女性做人道理传达给其班家的晚辈，这是一本以女性视角教导自家女儿们做人道理的私书。班昭作为当时著名的女历史学家、女政治家、女文学家，将自身的生命体验和人生思考融入《女诫》，以其品行和文化素养感染和征服着身边的女子，强化女性的身份责任和角色定位，《女诫》中没有空洞的说教，它是一本"接地气"、可读性极强的女性辅导书，是一本值得当今女性研习的不可多得的文化瑰宝！包括《女诫》《女论语》《内训》和《女范捷录》在内的《女四书》及《女孝经》《列女传》是民国初期及以前几乎所有读书的女孩子的启蒙读物。虽然，随着历史车轮的滚滚前行，几千年中国文明史中的数十本女性教育经典已经相继失传，这六本书以其独特的文学魅力和深刻的精神内涵深入人心，成为传统女性立身处事的宝典。虽然在长期的封建统治中，它受到了男权社会主流价值观的曲解和利用，但是从其本身内容看，《女诫》不仅仅传授了女德，更是对女性家庭人际关系的理顺和爱情人生观的培树。我们可以从《女诫》中汲取到为今所用的女性生存智慧——以谦卑包容的强大内心坚强乐观地去爱、去生活吧，幸福就在我们自己手中！

《了凡四训》：讲述命运的"蝴蝶振翅"效应

文 / 陈迪

> 过由心造，亦由心改，如斩毒树，直断其根，不要枝枝而伐，叶叶而摘，要直断其根，从心上彻法底源地改过。

　　读书与处事，一个美妙的感觉就是两者能融会贯通，当你读一本书，发现其中的逻辑得到古今中外名人的印证，得到科学、哲学的佐证，并可运用到各个方面，那是种此乐何极的感觉，我读《了凡四训》就是这样的感觉。

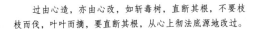 虚职正厅的明朝官员缘何被铭记？

　　《了凡四训》得到曾国藩和稻盛和夫的大力推崇，这本小册子在几百年里不知道翻印了多少份，那这个官位不高，没有参与重大历史的"小人物"为何被人铭记？

袁了凡先生，本名袁黄，是江苏省吴江县人，明神宗万历十四（公元 1586）年进士，与张居正同一个时代，曾做过宝坻知县，了凡先生年轻时，其命运被高人算定：命中无科第功名、无后、五十三岁八月十四日丑时寿终，后受云谷禅师点化，了悟"命由我造，福自己求"的道理，改原号"学海"为"了凡"，后积极修福积德而改造了命运——喜得二子，高中进士，官位追增到尚宝司少卿、享寿七十四岁。（尚宝司少卿为正五品官，相当于现在的虚职厅级干部。尚宝司是明官署名，负责管理玉玺和百官的牌符。）

这篇家训作为立命、修身、治世的教育经典，是了凡先生六十九岁时所作的戒子家训，是他一生道德学问的涵养和凝聚，几百年间，这本小册子不知道无形中改变了多少人的"命运"。

什么是命运？

作为共青团的一员讲"命运"是不是迷信？其实所谓"命运"，有多种解读。体育节目解说员贺炜说："每一个人，因其成长环境，教育背景，过往经历，性格特点的不同，面对问题必然有个性化的处理方式。人生的方向，就根植这每一次判断，选择和决定中，它完全由自已造就，旁人既无法掠美，更无法代受，而这无数微观的选项，汇聚成一条道路，引领你走向自己的未来，人们专门由一个词来形容它：命运。"

哲学怎么解读

十八届中央政治局进行 2015 年第一次集体学习，学习内容是辩证唯物主义基本原理和方法论。辩证唯物主义事物普遍联系的基本原理告诉我们，世界上一切事物都与周围其他事物有着这样或那样的联系，每一事物内部的各个部分、要素之间是相互联系的，人类社会内部是有联系的，思维领域内部是有联系的，整个世界是一个普遍联系的有机整体，联系无时不有，无处不在。

科学如何诠释

这就好比一只南美洲亚马孙河流域热带雨林中的蝴蝶，偶尔扇动几下翅膀，可能在两周后引起美国德克萨斯的一场龙卷风。其原因在于：蝴蝶翅膀的运动，导致其身边的空气系统发生变化，并引起微弱气流的产生，而微弱气流的产生又会引起它四周空气或其他系统产生相应的变化，由此引起连锁反应，最终导致其他系统的极大变化。此效应说明，事物发展的结果，对初始条件具有极为敏感的依赖性，初始条件的极小偏差，将会引起结果的极大差异。这就是经过科学验证的蝴蝶振翅效应。

🏵 东西方文化互相印证

在西方有一个民谣，它是这样说的：丢失一个钉子，坏了一只蹄铁；坏了一只蹄铁，折了一匹战马；折了一匹战马，伤了一位骑士；伤了一位骑士，输了一场战斗；输了一场战斗，亡了一个帝国。

这个民谣告诉我们，马蹄铁上一个钉子丢失，本是初始条件的十分微小的变化，但其"长期"效应却是一个帝国存与亡的根本差别。这就是军事和政治领域中的所谓"蝴蝶效应"。

而在中国，三国时期就有人参悟到其中逻辑。《三国志·蜀书·先主传》中，刘备教导儿子刘禅：勿以恶小而为之，勿以善小而不为。这其中的理念可谓异曲同工。

🏵 古今中外名人推崇

清朝时期的"中兴名臣"曾国藩对《了凡四训》最

为推崇，他读后改号为涤生，"涤者，取涤其旧染之污也；生者，取明袁了凡之言：'从前种种，譬如昨日死；从后种种，譬如今日生也。'"曾国藩将此书列为子侄必读的第一本人生智慧之书。

稻盛和夫早年有幸读到《了凡四训》并将其作为人生指导。他后来在其著作中说道："我邂逅了中国古代袁了凡写的著作叫《了凡四训》，顿时得到了顿悟的感觉，原来人生是这样的。"而稻盛和夫所著的《活法》俨然就是日本现代版的《了凡四训》。

《了凡四训》中的"因果报应"

想法、信念、行为会改变一个人的命运，在中国会把它称之为"因果报应"，也就印证了事物是普遍联系的哲学道理，也可以说是中国版本"蝴蝶振翅效应"。了凡先生家居生活非常俭朴，可是却和夫人一起，在家境允许的范围内，力行布施；他个人修身是每天反省改过，诵经持咒，参禅打坐，不管公私事务再忙，早晚定课从不间断；在清心寡欲、无虑无求中祈天立命。就在这种修德养性的过程中，了凡先生为了教育儿子，积淀自己的人生，写下了四篇短文，当时命名为《戒子文》《训子文》。后来有识之士为了启迪世人，遂改为《了凡四训》，这就是后来广行于世的《了凡四训》的由来。

了凡先生作此《训子文》，旨在训导儿子，认识命运的真相，明辨善恶的标准，改过迁善的方法，以及行善积德、谦虚种种的效验。所以这篇家训一共分为四部分：立命之学、改过之法、积善之方、谦德之效。

《了凡四训》告诉了我们什么

由《立命之学》篇，我们知道"一切福田，不离方寸；从心而觅，感无不通"，安身立命，无非看自己存心何处而已，所谓"命由我作，福自己求"，也如《诗经》所云：永言配命，自求多福。

由《改过之法》篇，我们明白改过者，要发三心——耻心、畏心、勇心。而人之过，有从事上、有从理上、有从心上改者，因功夫不同，效验亦异；告诫我们，过由心造，亦由心改，如斩毒树，直断其根，不要枝枝而伐，叶叶而摘，要直断其根，从心上彻法底源地改过。

由《积善之方》篇，我们清楚了善有真假、端曲、阴阳、是非、偏正、半满、大小、难易，所以为善要明理，否则不仅无益，还可能造业；《易经》曰：积善之家，必有余庆。虽然善行无穷，不能尽述，从本篇与人为善、爱敬存心、成人之美、劝人为善、救人危急、兴建大利、舍财作福、护持正法、敬重尊长、爱惜物命这行善的十方中，我们不仅找到了为善的下手处，如果真能够由此十事而推广之，则万德可以具备矣。

由《谦德之效》篇，我们懂得了惟谦受福，恭敬顺承，小心谦畏，受侮不答，闻谤不辩，天地鬼神，犹将佑之，无有不发者，是故谦之一卦，六爻皆吉。《书经》曰：满招损，谦受益。也如《易经》所云：天道亏盈而益谦，地道变盈而流谦，鬼神害盈而福谦，人道恶盈而好谦。

《了凡四训》从讲述命运，到改变命运，又到阐述如何改变命运的逻辑，让我们不仅陷入沉思，地球或许是另外一个世界的一粒尘埃，是否有谁在给我们设定生存、生活、发展逻辑呢？我们需要做的是尊重每一个生命，做好自己的每一件事情。

成功的本源
——给成长中的你

文 / 赵悦宏昱

我是大连瓦房店人，家里姐弟四个，我是老大。我三妹总跟我说："姐啊，你别出去讲座了，怪丢人的，你也不成功。"我的爸爸是一位农民，一年四季都在家务农；我的妈妈是老高中，因为家里成分不好，所以政审、考大学都不过关。妈妈先是教幼儿园，然后教小学，后来初中少老师，给我妈妈调去教数学，当班主任。妈妈因为教学成绩突出，被评上大连市先进教师，就由一名民办教师转为正式教师。

我也是学了《弟子规》以后才开始和父母唠嗑的。以前没时间和他们唠嗑。我多忙啊！上学时忙着学习、考试、谈恋爱，工作后忙着结婚、生子、升官。我也爱自己的父母，以前想他们，就是打电话告诉他们，我从哪儿出发、几点到家、想吃什么。回家吃完饭，陪他们静静地坐会儿，看会儿电视，半个小时，走了。学了《弟子规》后，我才明白要多陪父母唠嗑，"听妈妈讲那过去的故事"。

这几年，我跟妈妈汇报了在大连团市委都做了哪些工作。我告诉我妈，大连的大学、中专，以及其他很多学校的团委书记都找我去给他们的学生唠唠——如何度过在学校的这几年。这是我的本职工作，所以我都会去。我妈听了后说："宏子，你一定要告诉学生们，什么是真正的成功？真正的成功不是你当多大官、不是你有多少钱，而是你帮助了多少人，你为这个社会做了多大的贡献！"

你看我有一个多么伟大的妈妈！正是在我妈妈的鼓励下，从2010年开始，我走上了一个又一个的讲台。口才不好，能力不强，是自己的素质问题，别人找你，去不去是态度问题。我最近刚刚看了《菜根谭》，里面有句话"居官不爱子民，如衣冠盗。"如果你当了官，不爱护你的老百姓，那就是拿着俸禄、戴着官帽、穿着官服的强盗。我不想做一名"强盗"，月月等着工资，尤其是学了传统文化之后，更知道要居官爱民，为民做事。

对于家长来说，人生最重要的使命是什么？老祖宗说，"至要莫如教子"。人生中最重要的事，莫过于教育孩子。李嘉诚说："一个人事业上再大的成功，也弥补不了教育孩子的失败。"当多大官、挣多少钱不是最重要的，一个人最大的成功就是当你老了的时候，你的儿女是孝顺的儿女，是对国家、对社会有贡献的儿女。教育孩子成为什么样的人？老祖宗说，"养子使作善也"。就是教育孩子成为善良的人。《说文解字》中说："教，上所施，下所效也。"做家长的更要潜移默化，言传身教，给孩子做善良的榜样。

我们为什么要做善良的人？在这里，我给大家讲一个故事，裴度的故事。裴度是唐朝中后期的宰相，他和唐朝另一位宰相郭子仪都很厉害，各把唐朝的江山向后顺延了 20 年，柳宗元、王安石、曾国藩都对他非常崇拜。裴氏家族很了不起，2000 多年时间出了 59 个大将、59 位宰相。如果把裴度的政绩比作参天大树，那么，他的美德就是扎在地下深深的看不见的根。

话说裴度年轻时，请唐朝最厉害的相士给他相面，看看未来的功名如何。相士看完后说，我不知道该不该说实话，你不仅没有功名，而且都不能活到壮年，几年以后一定饿死在沟渠中。裴度乐天知命，宠辱不惊，掏出银子给相士。相士说，"钱就免了吧，你命那么苦，我都恨不得给你钱了。"过了几天的一个傍晚，裴度去香山寺遛弯，来到大雄宝殿，看到主案上有一条镶嵌着五颜六色宝石的玉带。他一看四周又没有人，心想肯定是达官显贵拜佛落在这里，就收起来，等待失主认领。果不其然，过了一会，慌慌张张地跑来一位女子，向主案看去，什么都没有。这女子坐在地上，放声大哭。裴度走上前去问，"这位小姐，你为何啼哭？"女子说："家父被奸臣所害，判了死刑，我成天拜佛，求了很多人，朝廷这两天放出话来说，只要拿钱，就把我父亲放了。我家因为这个事把钱都花光了，我找到父亲的好朋友，父亲的好朋友非常仗义，把祖传的价值连城的玉带赠送给我，有了这条玉带一定能救出我父亲。我想可能是我的诚心感动了佛祖，就把玉带拿来给佛祖看看，没想到我这几天没休息好，人回家了，玉带忘拿了。玉带丢了，我爸爸的命也没有了。"接着，女子又放声痛哭。裴度想这件事肯定是真的，就把玉带拿出来，"女子，你看是不是这条？"女子一看，正是。女子拿着玉带走了，走两步又回来了，"这位公子，敢问您尊姓大名？我现在没有能力报答您，等我救出父亲，我们一定会好好报答您。"裴度说："你们家遭这么大难，我没有帮上忙已经非常惭愧了，物归原主天经地义，你抓紧时间去救你的父亲吧。"这件事情就过去了。几天以后，裴度去市场遛弯，又与相士不期而遇。相士盯着裴度看了很久，说："这位公子，你容颜大改啊，你肯定是做了什么大好事，积了大阴德，你现在满脸的富贵寿考之相，不仅不会饿死沟渠中，相反，还会位及人臣、寿至耄耋。"没想到，几十年过去了，裴度真的位及人臣、寿至耄耋，他这才把发生在自己身上的事披露于世。这就是著名的"裴度义还宝带"的故事，也叫"裴度相面"的故事。

裴度因为做了一件大好事没有留姓名而改变了整个命运。南怀瑾先生说："一个人发自内心地做一件大好事，身体的气脉就会改变。"这就是为什么要做善良的人。

下面进入本节的主题，"成功的本源"。

🦞 一、厚德载物

成功的本源是什么？就这四个字——厚德载物。"厚德载物"出自《易经》，清华大学的校训。德行有多厚，承载的物就越多。这个物是什么呢？对于孩子来讲，就是考试成绩好；对于成年人来说，俗气点说，就是荣华富贵。

孔子说："大德之人，必得其名，必得其禄，必得其位，必得其寿。"德行高尚的人，必将得到与其德行相匹配的名誉、财富、地位，仁者寿。我就举个例子吧——郭明义。郭明义是鞍山齐大山铁矿一名普通工人，从19岁入伍那天起发誓要向雷锋叔叔学习，做好事不留姓名。到49岁左右，他"成名"了，党中央号召全国人民向郭明义学习。他现在是中共中央候补委员、全国总工会兼职副主席。

我们在大连交通大学演讲时，有学生站起来提问，"老师，您说仁者寿。那为什么雷锋叔叔22岁就没了呢？"我说，"这位同学你问得好。"现在很多大学生不知道雷锋是谁，更不知道雷锋多大年纪牺牲的，能提出这样问题的同学还是值得表扬的。我告诉这位同学，你提出的问题也是几年前困惑我的问题。当我学到《道德经》第33章时豁然开朗，老子回答了我们，什么是真正的长寿？"死而不亡者，寿也。"真正的长寿不仅仅是耄耋之年，而是精神永存。雷锋他没有死，他永远活在我们每一个中国人的心中。包括尧舜禹汤，包括孔子、老子、孟子等圣贤，他们都没有死，他们的精神常在。当我们看《论语》时，就在和孔子对话，当我们看《道德经》时，老子就在旁边看着我们。他们没有死，他们永远活在每一位中华民族炎黄子孙的心中。

老子说："所谓善人，人皆敬之，天道佑之，福禄随之，众邪避之，所作必成。"善良的人，人人敬佩，自然规律保佑着他，福禄追随着他，不好的事情躲着他，做什么事情一定能成。老子还说："所谓恶人，人皆恶之，刑祸随之，吉庆避之，恶星灾之，算尽则死。"坏事做得多了，量变产生质变，"算尽则死"。"多行不义必自毙"，这是《左传》中的话。好人好自己，坏人坏自己，不要管别人做什么，而是老祖宗让我们怎么做我们就怎么做。

还有一种人，人人厌恶，那就是骄傲自大的人。每个人都喜欢谦卑的人。一个优秀的人如何从一群优秀的人中脱颖而出？靠的不仅仅是学历和专业技能水平，85%以上靠的是热情、毅力、谦卑和勇于认错的品质。一个过于优秀的人往往很难成功，因为他缺少谦卑待人的品质。智商高、德行好的人会推动社会进步，但德行不好就会起到相反的效果。真正有智慧的人是会为他人着想、谦卑、正直、懂得忍辱的。

孙思邈，唐朝药王，活了148岁，他在《千金方》中有句话，"百行周备，虽绝药饵，足以遐年，德行不克，纵服玉液金丹，未能延寿。"孙思邈还说，"杀生求生，去生远矣。"我看完特别震撼。他是学医的，但是他同样告诉我们，只要有德行就不会有病。明朝医林状元龚廷贤也说，"积善有功，常存阴德，可以延年。"道理都是一样的。

老子也告诉我们，"天将救之，以慈卫之"。我讲一个故事。明朝时有一个人叫柏之桢，他特别善良，不仅乐善好施，对小动物也好，每天吃饭前在院里撒一些饭食给天上的小鸟吃。冬天下大雪，他就扫出空地，撒上粮食让小鸟吃。有一年大旱，县城里来了强盗，烧杀抢掠，处处血流成河。但是只有柏之桢家没有被抢。因为麻雀、喜鹊等各种小鸟把房顶屋檐密密麻麻、前前后后围满了，强盗见了以为没有人住，他们家20口人幸免于难，这就叫"天将救之，以慈卫之"，谁要是慈悲善良，自然规律就护佑谁。

《皇帝内经》还有八个字——"正气存内，邪不可干"。刚看时，我一点感觉都没有，直到看了《在爱中行走》这本书。《在爱中行走》讲的是阿尔巴尼亚的德兰修女，也有翻译叫特蕾莎修女。她18岁从阿尔巴尼亚到印度的加尔各答，一辈子都在加尔各答救治那里的难民，一辈子救治无数传染病人，包括麻风病人，从未被传染。我看完这本书就知道了什么叫"正气存内，邪不可干"。包括刚刚说的孙思邈，他救治一个村子的麻风病人也没有被传染，就是因为"正气存内，邪不可干"。

"大道至简"。古圣先贤反复讲一个道理，就是告诉我们一定要有德行，一定要与人为善。每一个老祖宗都是我们的再生父母，希望他们的后代平安、健康、成长、成功。四大文明古国，惟有中国尚存。为什么？因为老祖宗给我们留下文字，我们的文化还在。我们要感谢老祖宗留下的文化，留下的无与伦比的智慧。现在习近平总书记倡导我们弘扬传统文化，学习传统文化，不是让我们穿越过古人的生活，而是让我们传承古人的思想和智慧。

1988年初，75位诺贝尔奖得主在巴黎集会发表宣言。宣言中说，人类要在21世纪生存下去，就要从2500年前孔子那里汲取智慧。1972年，英国著名历史学家汤恩比博士和日本作家池田大作谈到，"21世纪是中国人的世纪，主要是中国的文化，尤其是儒家思想和大乘佛教，引领人民走出迷误和苦难。"我在这里和大家分享，我觉得儒家就可以救世。"修身、齐家、治国、平天下"一句话就够用，就可以实现伟大复兴的中国梦。回头看，中国上下五千年历史，哪个时代最长？是周朝，江山八百年。周朝最好的时期是成康之治，监狱里面没有一个犯人。"东至于海，南至于岭，皆外不闭户。""夜不闭户""路不拾遗"，这些成语都出自周朝，"画地为牢"这个成语也出自周朝。这就是为什么孔子崇尚周公、崇尚周礼，做梦以梦见周公为荣。

孔子《礼运·大同篇》中写道："大道之行也，天下为公。选贤与能，讲信修睦。故人不独亲其亲，不独子其子。使老有所终，壮有所用，幼有所长。鳏寡孤独废疾者，皆有所养。男有分，女有归。货恶其弃于地也，不必藏于己。力恶其不出于身也，不必为己。是故谋闭而不兴，盗窃乱贼而不作。故外户而不闭。是谓大同。"

什么是大同世界？我认为，我们现在的时代距离伟大复兴的中国梦、距离大同世界越来越近。我们的党为百姓该做的已经做到了。"老有所终，壮有所用，幼有所长，鳏寡孤独废疾者，皆有所养"都已经实现了，给农村残疾人盖房子，给没有工作的60岁以上老人发退休金，给贫困家庭发最低生活保障金，新农合让老百姓看得起病，义务教育让孩子上得起学。自古以来，种地交税天经地义，可现在种地不仅不交税，还给直补……这些都证明我们的党是可敬可亲可爱的，是值得我们一生追随的。而作为个体，我们是否做到了"人不独亲其亲，不独子其子"？《弟子规》中说，"事诸父，如事父，事诸兄，如事兄。"我们做家长的，不能只对自己的孩子好，也要对别人的孩子好。"男有分，女有归。"男的都有工作，女的都有归属。"货恶其弃于地也，不必藏于己。"家里有好的东西，自己用不了，分给周围的人。"力恶其不出于身也，不必为己。"出力不是给自己家出力，而是为社会大众出力。"谋闭而不兴"，阴谋诡计不时兴，人人淳朴善良，"盗窃乱贼而不作"，没有盗窃乱贼，"故外户而不闭。"这就是大同世界。如果我们全中国人学习传统文化，真正学明白了，去力行，那么，《礼运·大同篇》描述的世界一定会早日实现。

在这里，我还要跟大家分享一个例子。大连团市委从2009年做了YBC——中国青年创业计划。只要符合条件的创业青年，通过我们的评审，就为你提供无抵押、无担保、无利息的五万元贷款，还会有一个成功的企业家做导师陪伴你成长。五万元贷款需要三年内还清，从创业第四个月开始还款。目前，创业青年全世界还款率在 72% 左右，中国还款率在 85% 左右，而大连创业青年从 2009 年到现在，扶持了近 500 名创业青年，还款率一直是 100%。其中，发生了很多感人的故事。第一批扶持的创业青年 17 人，有一个青年遇到困难，是其余 16 个小伙伴凑钱给还上；还有一个青年创业失败了，我告诉他不用还了，但是他说，砸锅卖铁也要把钱还上……

　　我就纳闷，大连的创业青年为什么这么"俊"呢?"俊"，德万人者，才千人者，谓之"俊"。你的德行在万人之上，才华在千人之上，才能称之为"俊"。我百思不得其解，于是开始调研。很多国家、城市的组织做青年创业这项工作只有两个程序，给钱、给人，但是大连比他们多了一个程序，那就是给思想。只要你想创业，打电话给大连团市委的 YBC 办公室，够 100 人我们就送到东北财经大学免费培训七天，钱由政府拿。一切都是最好的安排。那天我去东财调研，正好赶上李显峰老师讲"财富的本源"。他两天的课程，我只听了半天，就明白了大连创业青年 100% 还款的原因。

　　李显峰老师引用了曾子的一句话，"有德此有人，有人此有土，有土此有财，有财此有用。"显峰老师还形象地画了个圆来表述。一个人有了德行，就有了人缘人脉；有了人缘人脉，就有了机会，土代表机会；有了机会，就有了财富。这时候你除了家庭必备的开销，其他的钱用来做慈善等有益于人的事情，这就是德行，财富就像滚雪球一样增长，相反，他把钱用到不该用的地方，吃喝嫖赌吸等等，这样就是缺德，资金链就断啦，缺德后财富就离你而去。我们的创业青年一学习这个，马上就明白人生的大道，一定要做有德行、有正能量的人，所以他们按时还钱。

我小时候家在农村，爷爷教我练书法、写信。过年邻居找我写对子，经常写的横批是"五福临门"。五福，是哪"五福"？学了传统文化以后才知道，"五福"是长寿、富贵、康宁、好德、善终。最后一"福"是善终，如果说，我们的人生是手拉手共同奔向死亡，那么，无疾而终，是我们共同的追求，这也是我的终极目标。

二、何谓德

什么才是有德行的人？何谓有德？何谓善良？作为人，何谓正确？这里送给大家几个字。

第一个字，孝。百善孝为先。你孝顺吗？孝顺的够吗？在没学习《弟子规》之前，我认为自己非常孝顺，表现形式就是过年过节双方父母一式两份，钱、物全部给到，给婆婆的一定比给妈妈的多。经过学习才知道，这个只叫供养，是最基本的。孔子在《论语》中说，"今之孝者，是谓能养。至于犬马，皆能有养；不敬，何以别乎？"《弟子规》中有句话，叫"怡吾色，柔吾声"。和父母说话永远要柔声柔气。"人不学，不知道"，这还不好改吗？什么都按父母意见办。孝顺孝顺，既要孝，又要顺。

这里，我再给大家讲一个故事。没有人会随随便便成功。周星驰大家都知道，他没有什么绯闻和坏消息。为什么？因为他是一个大孝、特孝之人。七岁那年，父母离婚，他和姐姐、妹妹被判给妈妈。家里生活非常困难。妈妈好不容易从娘家弄钱买来几只鸡腿。菜刚上桌，他就小猴似的爬上桌，一不小心把鸡腿掉到地上。母亲又生气又心疼，取来一根桑树条，狠狠打了他几下。哭了好一会，全家才开始吃饭。母亲把鸡腿捡起来，舍不得扔，用开水冲了一下，自己吃了。2001年，他和妈妈做客凤凰卫视时，又说起这件事，妈妈说："那时候，他全不知道这饭菜来得多不容易，一点也不懂得珍惜。"周星驰说："不，妈妈，我懂得珍惜。你想想我要是不把鸡腿弄到地上，您会舍得吃吗？那几年有什么好吃的，您全给了我们姐弟，您成天就吃咸菜，所以我们才想出这个办法，只有这样，您才会吃。虽然我演戏无数，但是我要说，我演得最好的戏，是在七岁那年。演绎的是一份血浓于水、骨肉连心的挚爱亲情，唯一的观众是我的母亲。"

看到周星驰的故事，我想到了自己。我们家姐弟四个，生下我弟弟之后，我妈被强制结扎了，从此就得了妇科病。从小，我们就是在妈妈"肚子疼"的声音中长大的。可是我们姐弟几个，尤其是我这个当大姐的没做好，从来没把母亲的病放在心上，从来没问问妈你怎么个疼法？也从来没领妈看过病。直到学了《弟子规》，才把妈妈放在心上，才领妈妈去治病，几回就治好了。四十年啊，我妈连一根雪糕都没敢吃过，我这个当女儿的真是不孝啊！

传统文化有句话：诸事不顺，皆因不孝。我工作和生活中遇到很多挫折，一开始是抱怨，现在想一想，不怨任何人，都是自己德行不够。就像孟子说的，"行有不得，反求诸己。"我再给大家举一个例子，我们大连有一个女孩叫王星宇，学习特别好，高三考试每次在全校都名列前茅，但性格逆反，经常和妈妈顶嘴。第一次高考时考砸了，她不服气，又复习了一年。她的理想就是上清华大学，但是第二次高考又砸了，考到了大连大学。到了大学后，学习了《弟子规》，她才知道做人需要什么，才知道要听父母的话，才知道要孝顺父母，和妈妈的感情越来越好。四年后，她轻松考上了清华大学研究生，这是大连大学第一个考上清华的研究生。

孝顺的含义特别广泛。曾子说："身也者，父母之遗体也。行父母之遗体，敢不敬乎？"我们是父母细胞的结合体，更要爱惜自己的身体。曾子还说，"居处不庄，非孝也。"你的屋子整理得不干净，不让父母放心，就是不孝。"事君不忠，非孝也。"对领导、对事业不忠诚，就是不孝。孔子讲"君君臣臣，父父子子。"意思是，君主要有君主的样子，臣要有臣的样子；父亲有父亲的样子，孩子有孩子的样子，个人找好自己的本位。但是有的后来人解释为：君叫臣死，臣不得不死。这就把我们领偏了。当领导要爱护下属、关爱下属、理解下属、包容下属。如果追随不贤明的君主那就是愚忠。相反，遇到好领导，副职要和一把手保持一致，员工要和分管领导保持一致，团结和谐一块努力工作，为社会做贡献。"莅官不敬，非孝也。"对工作不敬业，也是不孝的表现，哪个父母不希望儿女在单位干得出色，年底拿朵大红花回家。"朋友不信，非孝也。"朋友之间不讲诚信，是不孝。"战阵无勇，非孝也。"战场上不勇敢杀敌，当逃兵，也是不孝。"五者不遂，灾及于亲，敢不敬乎？"

第二个字，俭。节俭的"俭"字，诸葛亮说"静以修身，俭以养德。"这里有一个杨元宁的故事，她是台湾台塑集团创始人王永庆的外孙女，家室显赫，百亿身家，她16岁出版7本童书，17岁为"纽约时尚周"走秀，18岁就读哈佛大学，修习生物学与东方哲学。就是这样一个天才美女，她们家的饭桌上从没有剩饭，"吃饱，不是理所当然，非洲有几百万人都在挨饿。"她很少买衣服，好不容易买了，总是平价时买，只求穿着得体就好，一件衣服穿个四五年很平常。从小只要有同学生病请假，杨元宁除了打电话关心，还会帮同学准备好缺漏的功课。她在学校帮助唇裂的孩子筹措经费，参加不同的非营利性组织，为贫困的人找希望。杨元宁说："我的梦想是，有一天，我能为世界各地无数的贫困人口提供更好的生活方式。成为志工企业家之后，我希望能帮助世上每一个人获得平静、和谐、均衡的生活。"

还有一个发生在我单位的故事。一位上级报社的领导找到我，让我们帮忙订2000份报纸。我说没问题啊，下级服从上级也是我们的职责。那天中午这位领导就在我们单位食堂吃饭，自助餐，他打了满满一盘子。结果没吃几口，都倒在垃圾桶里。当时我一看，这个心疼呀。后来，我一份报纸都没订。这位领导可能还以为我说话不算数，其实是，我觉得一个连节俭都做不到的人，我们不能帮。所以说，生活之中处处是考场，我们要为自己的每一个行为负责。

第三个字，舍。对于有工资收入的人来说，舍就是做慈善。我给大家讲两个故事，我爸爸妈妈就是听了裴度和下面的两个故事后，开始捐款资助贫困学生的。我妈妈教初中的时候，还是民办老师，工资很低，可班里交不起学费的学生很多，都是我妈妈帮助交钱的，中午穷学生的饭也是妈妈给买的。我爸爸早些时候在我二姑开的建材商店打工。有天晚上，我爸爸算账发现多了300元钱，他就开始回想是谁的钱。后来想起来了，是佟山村的一个人，爸爸连夜找了六个屯子才找到人家，把钱还回去，回到家天都快亮了。可就是这样的爸妈，即便现在我们姐弟几个过得都挺好，给他们的钱也是"有去无回"，舍不得吃舍不得穿，存在银行里。

第一个是洛克菲勒的故事。洛克菲勒是美国石油大王，世界第一个亿万富翁。他是一个非常有智慧的人。1945年10月24日联合国成立后，要建总部大楼，找到美国政府。美国政府说没有钱，洛克菲勒听说后，说我免费给你建。然后，他把周边的土地全买下来了。联合国总部建好后，周边的地价飙升，他一下子挣了不知道多少个联合国总部大楼的钱。洛克菲勒虽然很富有，但他是"铁公鸡"，一毛不拔，从来不捐款，不做慈善。48岁那年，他行将就木。大夫说："美国最好的医院就是我们这里，美国最好的大夫就是我，我们都救不了你的命。现在摆在你面前的只有一条道，就是做慈善，你去试试吧。"洛克菲勒将公司交给最基层的员工阿其勒后，就开始到处建医院、建学校、建教堂。北京协和医院就是他建的，协和医院下面的医学院也是他建的，北京山顶洞人遗址项目的考察经费也是他捐的。48岁就要死的人活到了98岁，奇迹般延寿50年。

另一个是大连团市委希望工程办公室主任赵强的故事。他干这项工作已经19年，从来没找领导索要过职位，找到我们的都是，领导，哪哪又给我们捐款，你去见个面，讲个话呗。他1996年去瓦房店建希望小学，我请他吃饭，他说他不能喝酒，有肝硬化。肝硬化最怕喝酒，而且可能只能活三到五年。但是四年前体检结果出来了，赵强告诉我，"赵书记，我病好了，化验结果转阴了。"大夫说，这简直就是不可思议。学习传统文化后，我知道了他的身体为什么这么神奇地好了。大连希望工程21年，在全国副省级城市排第一，赵强功不可没。这些年，经他手救助的学生有十万多人，建希望小学242所，这就是"积善之家，必有余庆"；这就是"福缘善庆"，幸福就是常年行善，老天给你的奖赏。

这里，我还有一个观点，不要等有钱了，才去做慈善。当时我还是瓦房店团委书记时，万达集团的副总每年都带人去瓦房店看望贫困户并捐款。当时，这位副总和我说，"我特别敬佩王健林董事长。王健林董事长的一个理念是，一个企业不要等到富有才做慈善，有钱多捐，没钱少捐。"我们作为一个公务员，每个月平均4000多元，还说自己挣钱少。我们挣钱少，得看和谁比。你们知道郭明义一个月挣多少钱吗？40年挣了30万，捐了20万；在没涨工资前，26年挣28万，捐了12万。他一个月工资不到2000元钱，但是他攒够100元就捐。捐款和挣钱多少没有关系，关键是这颗心。

现在，我向大家推荐一本书《保富法》。《保富法》是曾国藩的外孙、上海商会总会长聂云台写的。聂云台的父亲是聂缉椝，历任安徽巡抚、浙江巡抚，上海道台。我选取了《保富法》中的主要内容，"俗话说：发财不难，保财最难。我住在上海五十余年，看见发财的人很多，发财以后，有不到五年、十年就败的，有二三十年即败的，有四五十年败完了的。我记得与先父往来的多数有钱人，有的做官，有的从商，都是煊赫一时的，现在已经多数凋零，家事没落了。有的是因为子孙嫖赌不务正业而挥霍一空；有的是连子孙都无影无踪了。大约算来，四五十年前的有钱人，现在家产没有全败的，子孙能读书、务正业、上进的，百家之中，实在是难得一两家了。不单上海是这样，在我的家乡湖南，也是一样。清朝同治、光绪年间，中兴时代的富贵人，封爵的有六七家，做总督巡抚的有二三十家，做提镇大人的有五六十家，到现在也已经多数萧条了；仅剩下财产不多的几户文官家庭，后人还较好。凡是当时的钱来得正路，没有积蓄留钱给子孙的，子孙就比较贤能有才干。其余文官比较钱多的十来家，现在后人多数都已经萧条了；武官数十家，当时都比文官富有，有十万、廿万银两的，各家的后人，也是多数衰落了；能读书上进的，就很少听见了。世人都以为积钱多买些田地房产，便能够使子孙有饭吃，过得幸福，所以拼命想发财。今天看看上述几十家的事实，积钱多的，反而使得子孙没饭吃，甚至连子孙都灭绝了；不肯取巧发财的，子孙反而能够有饭吃，而且有兴旺的气象。平常人又以为不积些钱，恐怕子孙会立刻穷困；但是从历史的事实、社会的经验看来，若是真心利人，全不顾己，不留一钱的人，子孙一定会发达。子孙若如我，留钱做什么，贤而多财，则损其志；子孙不如我，留钱做什么，愚而多财，益增其过。"通过《保富法》我们知道，家长要给孩子留德行，"养子使作善也"。

第四个字，利他。利他的"他"，就是你身边的每个人，你的父母，你的家人，你的老师，你的朋友等等。北宋宰相赵普说"半部《论语》治天下"，我说，仅凭"利他"二字，走遍天下都不怕。新东方的俞敏洪大家都知道。他在北京大学读书时，一个宿舍六个人，打水扫地的活都归他。如果有一天宿舍里没有水了，其他人就会说："俞敏洪这个臭小子哪去了，今天怎么没打水？"后来俞敏洪创办新东方，扩大再生产，他拿了很多钱到美国找他的同学，请他们回来帮助创业。这些同学在美国都是高收入，但毫不犹豫地跟他回来了。他们说："我们不是冲着你的钱，而是冲着你在大学为我们打了四年水，扫了四年地，跟你一起回去。"当时他们宿舍里还有一个同学，是北京人。周末回家拿回来六个苹果，宿舍里的小子们一看，满屋六个人，正好一人分一个。但接下来这个同学的行为让大家很失望，他拿出一个苹果，自己洗洗，坐在床上慢悠悠地吃了。剩下几个锁在柜子里，正好从周一吃到周六，每天一个，周而复始。这样的人即使名校毕业，可自私自利，在社会上也不会受欢迎。他听说俞敏洪招兵买马，主动说："咱宿舍六个人就差我一个了，带我一起玩呗。"其他几个同学一起研究，一致认为这样的人我们不要，团队里不需要这样的人。

　　还有一个发生在我们身边的故事。我的一个好朋友，原来是辽宁国泰君安证券的老总。他们公司每年在全国招20多个员工，刚刚毕业的学生年薪20万，诱惑力非常大。每年招生的最后一关都是她亲自把关。有一次，她看中了一个小伙子，穿西服打领带很气派，所有问题也都没难倒他。元总说："这样吧，你领我去你宿舍看看。"小伙说："好啊。"结果去宿舍一看，屋子里三大堆垃圾，一看就是好长时间都没人清理了。元总转头就走，小伙儿也没有进到国泰君安证券上班。元总跟我说："这宿舍六个人，哪怕是一个人有爱心、有利他思想，宿舍就不会这么脏。"

第五个字，诚信。现在社会主要缺少诚信。下面看看这位华人的故事，著名华侨领袖、慈善家、企业家、教育家陈嘉庚先生，一辈子挣的钱全部捐款。企业家很多，但是青史留名的不多。陈嘉庚去世时，毛主席亲自题辞，周恩来、朱德都到场，廖承志主持，周恩来致词。陈嘉庚17岁那年去新加坡帮助爸爸做生意，他爸爸晚年创业失败，1904年停业，欠债权人20多万元。当时新加坡法律规定"父债子免还"。陈嘉庚却当场宣布，"不久就将还债，而且把利息全部还清"，后来，连本带利全部还清，此事成为新加坡华人商业史上的佳话。他说："中国人取信于世界，绝不能把脸丢在外国人面前。我们中国人一向言必信，行必果。"他说："该花的钱，千万、百万也不要吝惜；不应该花的钱，一分也不应该浪费。"他说："做人最要紧的是诚实与正义，要明是非，要为社会做事，再多的钱可以花光，但是诚实、正义却永远受人尊敬……有的人伤天害理的事敢做，乌七八糟的钱敢挣，这样的富人受人唾骂，遗臭万年。"我们做人要讲诚信，要向陈嘉庚学习，因为诚信是美德。缺少了诚信，人的能力、智慧、孝顺、正直、善良也都没有了。

　　第六个字，忍辱。忍辱这个美德，能够做到不容易。韩信能忍胯下之辱，我们能忍吗？陈抟老祖、陈希夷的《心相篇》中有这样一句话"甘受人欺有子自然大发。"一切都是最好的安排。那天，我正好拿出这句话跟我爸爸分享，"爸，你说忍辱能给儿女带来好处，是真的吗？"我爸说："那当然了。"他讲了一个自己小时候的故事。他读书时学习特别好，13岁那年，班里一个同学找到他说："你不就是学习好吗？今天咱俩比比谁的拳头硬。"我爸说："比吧"。说完趴在地上任由他揍。不一会，那个小孩也打累了。我爸问，"打累了？不打啦？""累了，不打啦。"说完，我爸起来拍拍身上的土，走啦。我一听，说"爸，你太厉害了，简直比韩信还厉害。"我爸说，"别急，还有呢。"四十多岁时，我爸做我们台前村二队小队长，三队小队长比我爸年轻十好几岁呢，有一天他俩为一个问题争执起来，三队小队长就打了我爸两个耳光。我爸啥也没说，转身就走了。我对我爸更崇拜了！我爸说："没完，还有呢。"我爸爱"打滚子"一种扑克牌游戏，大连人都爱打。那天他们都在小卖店里打扑克，有个前院的邻居喝酒了，来到小卖店，直呼我爸大名，挑刺说"听说你还会打扑克,扑克打得还不错?"我爸把扑克一推说,"他喝多了,咱不打了。"说完,就领人走了,你想打仗,不给你机会。这就是我爸爸少年、中年、晚年时期的三个故事。我一听真是明白了,我们几个兄弟姐妹现在过得都不错,还以为是自己做得好,岂不知是父亲给积的德,给儿女带来的福气的结果。

三、提些建议

第一个建议,立大志,做一个志存高远的人。一个人想着为自己、为家庭做事,那是你的才、你的能,那是你的才能;如果一个人想着为国家、为别人做好事,那才是你的德、你的行,那是你的德行。一个人的格局有多大,未来的舞台就有多大。

大家都知道,周恩来总理小时候立志"为中华之崛起而读书"。"人有善愿,天必佑之"。正是因为周总理从小立下为民族为人民的宏愿,自然规律也一路护佑着他。

再看看"三钱"的故事。先看看老钱家的家训,第一句话就够了——"利在一身勿谋也,利在天下者必谋之。"先看看钱伟长。钱伟长 1931 年 9 月 17 日考上了清华大学历史系,第二天,"9·18"事变爆发,他听说后,决定不学历史,而要改学物理,造飞机大炮,振兴中国的军力。他找到当时的系主任吴有训。吴有训老师说："同学啊，你不看看高考时，物理才考几分，5分；数学、化学一共考了20分。"钱伟长铁了心了，吴老师走到哪，他就跟到哪。吴老师终于被他感动了，说："给你一年时间，如果数学、物理、化学都达到90分以上，就可以转系。"一年以后，钱伟长都达到了。四年大学以后，他成为物理系物理学得最好的一个人，后来成为我们国家的力学专家。年老的时候，中央电视台记者采访他，"钱老，听说您历史中文特别好，考大学时是满分，后来为什么学习物理了呢？您到底学的是什么专业？"钱伟长老先生回答道："不要问我学什么专业。我没有专业，国家需要就是我的专业。"

　　我们再看看导弹之父、航天之父钱学森。1949年10月1日新中国成立以后，这位年轻人在美国已经工作了好几年，他听说后马上要回来建设新中国。美国人不同意，说他一个人顶5个师的兵力，宁可把他杀了，也不能让他回国。1955年，周恩来总理亲自谈判，用13个朝鲜战争战俘的美国飞行员才把他交换回来。当时钱学森在美国的工资是：海军炮兵导弹项目每年5万美元，而且身兼不同项目，每个项目3000～7000美元奖金，并且担任大学导师还有每月1600～2000美元工资。回国以后，他每月的工资收入是335.8元人民币，他的夫人歌唱家蒋英每月的工资 190 元。他说："我姓钱，但我根本不爱钱，我的事业在中国，我的成就在中国，我的根在中国，我的归宿在中国。"这才是有报国之志的青年。

现在我们很多名校的学生出国留学，最后都留下来建设别人的国家。我并不反对出国留学，但是倡导更多的有志青年学成归来，建设我们的国家。《美国中情局对华和平演变十条诫令》，最初写于 1951 年，现在内容已经公开了，在网上都能查到，其中的很多内容都已经实现，令人警醒。美国前总统尼克松在《1999 年：不战而胜》一书中写到"当有一天，遥远的古老的中国，他们的年轻人，不再相信他们老祖宗的传统文化的时候，那个时候，就是我们美国人不战而胜的时候！"

第二个建议，刻苦努力地学习。一个人一生要养成两个好习惯——读经典、听讲座。"非圣书，屏勿视"，这是《弟子规》告诉我们的。

关于学习，有两句话送给大家。第一句是朱元璋说的，"圣人起初和平常人没什么两样，为什么后来没有成为圣人？就是因为平常人不读书、不思考。"第二句是日本四大"经营之神"之一、索尼公司的创始人盛田昭夫说的，"一个人如果每天落后别人半步，一年就是 183 步，10 年以后就是十万八千里。"学习会改变一个人，学习让我们明理，让我们明白如何做人如何做事。

第三个建议，勤奋敬业地工作。工作是什么？工作是修炼灵魂的道场，成就他人的舞台，顺便施展自己的才华、养家糊口。君子一定要记住"成人之美"。正所谓，若要自己命好，先对别人好。尤其是公务员，一定要时刻记住为人民服务，千万不能"吃拿卡要"，那就是缺德。有的公务员，明明是一分钟能办好的事，可她说中午休息，忙着打扑克也要让群众下午再跑一趟；有的公务员，明明可以一次性告知需要什么手续，可他就不说，偏偏等着人家跑了三四趟，他才说明白。

我们应该怎样对待自己的工作呢？举个例子吧，前面说到的洛克菲勒，他去做慈善之前，没有把公司交给自己的儿子，而是交给了一个最基层的石油销售员——阿其勒。阿其勒爱公司如爱家，无论走到哪，签字都是"每公升四美元的标准石油公司的阿其勒"。日复一日，年复一年，这件事情终于被洛克菲勒知道了。他把阿其勒找来交谈，看这个员工这么爱企业，这么敬业，这么勤奋，决定把企业交给他。还是那句话，没有人会随随便便成功。还有，日本邮政大臣野田圣子，最开始的工作是在日本东京帝国大厦打扫厕所，她发誓，就算我扫一辈子厕所，也要做扫厕所最好的人。她清洁完的厕所，马桶里的水可以直接舀出来喝了。这些例子都告诉我们一个道理：不管干什么，都要干到极致。

第四个建议，快乐健康地生活。一是生理上的健康。要按照生活规律，定时吃饭，早睡早起。二是心理上的健康。有的人恨人"穷"，只希望自己好，不希望别人好，有的人一辈子没给人真心鼓过掌，我们一定要视别人的成功为自己的成功，真心为别人的成功喝彩！这才是心理上的健康。

在这里，还要和大家分享一个坚持的故事。有一位穷困潦倒的年轻人，身上全部的钱加起来，也不够买一套像样的西装。但他仍坚守着自己心中的梦想：做演员、拍电影、当明星。当时，好莱坞有 500 家电影公司，他带着为自己量身定做的剧本逐一拜访。第一轮，500 家电影公司无一愿意聘用他。不久，他又开始了对这 500 家电影公司的第二轮拜访，仍遭拒绝。后来的第三轮拜访，结果相同。遭遇了 1500 次拒绝之后，年轻人重新修改了剧本，开始他的第四轮拜访。在遭遇到 1600 次拒绝后，终于有人愿意出钱买他的剧本了。年轻人身上只剩 40 美元了，非常需要钱。可他听到电影公司不同意他主演时，他断然拒绝了对方。第 1886 次，一家电影公司留下了剧本。几天后，年轻人被请去详细商谈：这家电影公司决定投资开拍这部电影，并请这位年轻人担任剧中的男主角。这位年轻人，就是后来大名鼎鼎的好莱坞明星西尔维斯特·史泰龙。那个剧本，就是后来无人不知的《洛奇》。

没有人会随随便便成功，只要一直坚持，绝不放弃，不管做什么，最后都会成功。

第五个建议，改变社会，从我做起。不抱怨、不埋怨，每日反省，做最好的自己。每日三善，视善、语善、行善，不好的东西不看，不好的话不说，不好的事情不做。曾国藩是毛主席和蒋介石都推崇的人，他最推崇的一本书是《了凡四训》。23 岁看了这本书后，他就把自己的号改为"涤生"——从前种种，譬如昨日死；往后种种，譬如今日生，而且把这本书列为子侄必读之书。为了我们的孩子，为了我们的明天，为了我们的祖国，为了我们的家庭，每个人都要做一个全新的自己。

美国前总统肯尼迪说："不要问你的国家能为你做什么，而要问你能为国家做些什么。"如果你认为我们的国家、我们的社会，不够强、不够好、不够美，每个人能做的就是改变社会，从我做起，让我们的国家、我们的社会变得更好、更强、更美。

这里，我把中学文摘本里的、一直陪伴我走到现在的一段话送给大家，"一颗小草，也许永远也成为不了参天大树，但它可以做所有草中最绿的那一棵；一颗星星，也许永远也成为不了太阳、月亮，但它可以做所有星星中最亮的那一颗；一滴水，也许永远也成为不了长江大河，但它可以做所有水中最纯的那一颗。"也许我不是最优秀的学生，但我可以成为最孝敬父母、最尊敬老师、最帮助同学的那一个；也许我不是最优秀的老师，但我可以成为最温柔、最有爱心、最负责任的那一个；也许我不是最优秀的青年，但我可以成为最愿意读书、最孝敬老人、最奉献社会的那一个。今天的我也许不是最优秀的，但怎么知道，经过努力的我不会成为最优秀的那一个呢？为什么我们不做最努力的那一个呢？

正如北京电影学院崔卫平教授说的，"你所站立的那个地方，正是你的中国。你怎么样，中国便怎么样。你是什么，中国便是什么。你有光明，中国便不黑暗。"

后记

文/王雯雅靖

　　中华优秀传统文化的回归是伟大复兴中国梦的强大精神支撑，她的魅力无穷，她的能量无穷，传统文化可以让人敬畏天道、敬畏祖先、敬畏人民；可以让人反求诸己，内心平静、淡然、善良、少私寡欲；可以教人守住道德底线，崇敬仁、义、礼、智、信，可以让人格物、致知、诚意、正心，修身、齐家、治国、平天下。

　　从2010年起，在大连团市委逐渐聚集起这样一群年轻人，他们紧跟习近平总书记和团中央关于弘扬中华优秀传统文化的号召，断疑启信、诚敬为本，在大连团市委党组的带领下，信心坚定，全力以赴推进优秀传统文化在大连的落地生根、发芽繁茂。他们一直坚信所做的这项事业极具意义，可以拯救一个人的心灵，可以拯救一个人的命运，可以拯救一个岌岌可危的家庭、一个充满纠结混乱的集体、甚至可以拯救更多更多……他们既担负不同的职责，又时时互相补位，局级干部可以化身解读经典的老师，转身又成为传统文化论坛的志愿者；每个人既是活动的策划者、组织者，更是学习践行传统文化的分享者、国学课程的解读老师；周末、节假日里的传统文化论坛、课堂里，经常活跃着他们的身影，他们不拿讲课费，不拿加班费，因为只有这样他们的心里才觉得舒服坦然。"惟心纯正，无愧本心"始终是他们的原则和坚守。

五年来，这群年轻人，跟随着前大连团市委赵书记，从国学入门书籍《弟子规》的发放、推广做起，从初中、小学到高中、中职、大学，再到企业、社区，共发放《弟子规》100多万册，很多学校开始专门培养自己的国学老师，开设《弟子规》课程。为了吸纳、培养优秀的青年国学讲师，大连团市委通过团内选拔和社会公开招募，于2013年正式成立大连青年国学讲师团，本书中的几位作者除了是推广传统文化的优秀组织者，更成为受青少年欢迎的讲师团重要成员，《了凡四训》《论语》《女诫》《孟子》《群书治要》《菜根谭》《弟子规》《成功的本源》等公益国学课纷纷开课，由一开始的主动送基层、进青年变成后来的基层、青年争相邀请……一点点地改变、一步步地推进，印证着优秀传统文化在大连渐渐复兴的踏实足印。现在，在大连，不仅有连续几天、可容纳几千人同时参加的大型公益传统文化论坛，更有每周一次的大连青年课堂、夜校供青年和广大市民们学习分享传统文化，从几岁的孩童、十几岁的少年、二三十岁的青年直至七八十岁的老者，从5个人，10个人到20、30、100乃至近千人的课堂。一路走来，团市委的工作人员付出的辛苦与努力，受到的质疑与误解，在他们看来都同样美妙，恰恰成为了这个群体不断前行的动力。

这项工作带来的幸福和喜悦，会一直牵引着他们以更大的决心和勇气力促中华优秀传统文化在大连的复兴，真正将老祖宗留给我们的宝贵财富请回来、践行下去。

习近平总书记提出的奋力实现伟大复兴的中国梦赋予这个时代更多的内涵，赋予这个时代的中国青年更多的担当，这条路上需要更多的有志青年戮力同行，不辱使命，共同托起这个属于每个中国人、属于整个中华民族乃至整个世界的伟大梦想！

王雯雅靖

2015 年 12 月